풀각시

그림 · 글 신수희

서 문

비가올듯 안개구름이 가득하고 찌는 더위가 옛날같지 않다 더운 여름이 아니고 폭염이다. 무성하게 달려있는 가로수 잎과 산비탈에 누워있는 호박 잎사귀까지 어깨를 땅에 늘어 뜨리고 새벽 이슬의 추억을 되새기고 있다.

언제 부터인지 더위와 태양을 마주할 자신은 없어지고 그냥 집에서 책을 뒤적거려보고 생각나는 옛날 이야기들을 바느질을 하는것처럼 한땀한땀 쓰면서 까맣게 잊고 살았던 그시절의 동그란 얼굴들을 화판에 옮겨 보았다.

평소에는 예사롭게 지나쳐버린 삶의 흔적들이 글을 쓰면서 담쟁이 이파리의 단풍 색깔이 빨간 장미꽃보다 더 아름답다고 느꼈을때는 어딘지 모르게 바빠 보였던 성격을 조용하게 잠재워 주기도 하였고 더 작은것이 더 큰것이라는것을 알았을땐 인내의 도사림이 기다리고 있었지만 이젠 꿈을 가진 아이같이 작아지는 희망도 가지게 되었다.

좋아하는 것을 훔치다가 들킨 사람같이 L시인에 "가을 산행길에서" 꼭 내마음 같아서 이책에 옮겨 보았다.

—신수희

가을 산행길에서

가을 산행에서 절로 떨어진 밤 한 톨을 줍다.
만지작거리다 꽉 깨무는 순간 밤벌래 한 마리 고개를 쏙 내민다.
나도 깜짝 놀랐지만 그 녀석은 더 소스라치게 놀란 표정이다
나는 하마트면 그 녀석의 징그러운 몸뚱이를 깨물뻔 했다는
사실에 놀랐고
그 녀석은 태어나면서부터 세상 전체가 두 동강 날 뻔한 일생일대의
엄청난 사태의 발생에 놀랐다.

아 누가 있어 어두운 밤 속에 있는 나의 이 집도 흔들어 깨물어
줄 것인가?
그 앞에 나도 이 추한 몸뚱이를 그대로 드러내고 싶다.
자기가 전부라고 생각했던 세계가 박살 나면서 나타난 시리도록
푸른 하늘
그 하늘을 보면서 밤 벌레는 죽었다.
나도 그렇게 죽고 싶다 단 한번만 그 하늘을 볼 수 있다면 굳이
애벌래가 나비로 변하지 않아도 그냥 이대로 죽어도 좋다.

—L시인의 가을 산행길에서

차 례

낮은 울타리

봄꽃이 다투어 피어나는 4월의 어느 날 오후 시골 집 마당에 한가롭게 앉아 있었다. 낮은 울타리 밖으로 동네 사람들이 지나간다. 내 어깨보다 낮은 담장 너머로는 좋은 사람도 싫은 사람도 다 볼 수 있어서 심심치 않다. 서로 눈이 마주치면 가벼운 목례를 하기도 하고, 어르신들에게는 허리를 굽혀 절을 하기도 한다.

내 어릴 적 추억의 담장도 어린 아이 키보다 낮아서 담장 밖으로 오가는 사람들의 발자국 소리까지 방 안에서도 다 들릴 정도였다.

해가 지고 집집마다 굴뚝에서 나오는 저녁연기가 땅거미와 어우러져 분간하기 어려운 시간이 되면 언니 같았던 막내이모가 우리 집 낮은 담장 밖을 서성거리고 있는 날이 많았다. 그런 이모를 보면 어머니는 언제나 부엌에서 밥과 국을 한 냄비씩 담아 들고 나왔다. 물 한 바가지 더 넣으면 이모네 식구를 먹일 수 있다며 두부찌게, 달걀 국, 된장국 등을 넉넉히 끓여 매일 담장 너머로 넘겨주곤 했다.

일자리를 구하기 힘들던 시절 이모부는 사람만 좋았지 허구한 날 집에서 노는 백수였다. 손바닥만한 셋방에서 3살, 5살의 어린 두 아들과 남편을 먹여 살려야 하는 이모는 그렇게 우리 어머니의 도움으로 끼니를 이어갔다.

날마다 어머니가 담장 뒤로 넘겨준 음식을 받아든 이모는 아버지의 눈에 띌세라 종종걸음으로 어둠 속으로 사라지곤 했다. 그런 이모의 뒷모습을 바라보며 어머니는 언제까지 동생이 박복하게 살아야 하는지 모르겠다며 돌아서서 눈물을 훔치시곤 했다.

최지우보다 턱이 더 갸름하면서 날씬하고 귀태가 나던 이모는 조용하고 차분 하여 누가 보아도 천상 여자였다.

내가 서울에 있는 대학에 합격되었을때도 그렇게 말이없던 이모는 자기가 대학에 간 것보다 더 좋아하면서 만나는 사람마다, 우리 집안에 처음으로 여자 대학생이 나왔다며 자랑하고 다니는것을 보았다.

새 학기가 되어 서울로 올라가는 기차를 타기위해 마산 역에 나온 이모는 엄마가 볼세라 손수건에 곱게 싼 돈을 용돈으로 쓰라며 내 두 손을 몰래 잡고 눈물을 글성거렸다. 엄마에게 못한 자매의 정을 나한테 대신 나누어 준것 같다. 그 돈은 이모가 시집갈 때 혼수로 받았던 비로도 치마저고리를 전당포에 잡히고 만든 돈이라는 것을 그 때는 정말 몰랐다.

내가 19살, 이모가 29살 되던 해 4월, 여름방학에 만나자던 짧은 헤어짐도 지키지 못한체 이모는 저 세상으로 긴여행을 갑자기 가버리고 말았다. 나무라도 내딸과 똑같이 깍아서 곁에 놓아두라고 통곡을 하던 외할머니와 슬하에 어린 두 아들을 두고 어떻게 눈을 감았는지 지금 생각하면 가슴이 미어진다. 입춘이 지난 어느 날 새벽녘에 갑자기 배가 아프다고 딩굴다가 손쓸 겨를도 없이 떠나버렸다. 요즘 같았으면 창자가 꼬이는 병쯤이야 병원 응급실로 달려가 수술을 받고 살아날 수 있었을 텐데 치료 한번 못 받아보고 꽃같은 나이에 세상을 떠났으니 두고두고 아깝고 안타깝기만 하다.

다시 4월은 오십년도 더 넘게 어김없이 찾아와서 오늘 이렇게 시골집 낮은 울타리 앞에 앉아 있으니 그 옛날 우리 집 담장 너머에서 어머니가 넘겨주는 국과 반찬거리를 받기 위해 서성거리던 이모의 환영이 어른거려 눈앞이 흐려진다.

2011.04

양 32×41cm oil on canvas

아버지와 졸업시계

봄이 완연히 왔는데도 바람이 불고 약간의 비를 뿌리면서 겨울 같이 추운 이런 날을 언젠가부터 그리워 하기 시작했다. 틈새에 끼인 꽃이파리들은 살며시 얼굴을 내밀다가도 고개를 숙인 이런 봄날이면 난 그날에 있었던 아버지 생각을 하면서 아버지가 보고 싶어진다.

대학교를 졸업하던 그날도 비가 내리면서 추웠으며 많은 고급 자가용들이 인산인해를 이루면서 딸의 졸업을 축하하기 위해 부모들과 친지들이 학교마당을 가득 메우던 바람부는 그런 날 이었다.

졸업생들은 신부님같이 까만 가운을 입고 사각모자를 쓰고 대강당 앞 자리에 자리를 잡고 조용히 앉았으며 넓고 큰 대강당을 가득 메운 부모님들은 딸의 앞날을 보장받은 것처럼 졸업식을 지켜보았다. 우리들은 전쟁에 승전한 개선장군처럼 당당하고 희망과 꿈이 부풀던 젊은 그대로였다.

아버지도 다른 부모들과 같이 자랑스런 마음으로 딸의 대학 졸업식을 지켜보기 위해 밤새도록 서서 뜬눈으로 밤을 지새고 딸의 졸업식에 참석하러 온 셈이다. 육십년 대 우리나라에는 고속도로가 없었다. 고속버스 역시 있을리 없었기 때문에 서울을 가려면 지금과 달라 교통수단이 기차를 타고 가는 길 밖에는 다른 방법이 없었다. 우리나라의 7대 도시에 속했던 마산도 서울로 직행하는 서울행 기차가 없었다. 서울을 갈려면 오후 4시에 마산역에서 삼랑진으로 가는 기차를 타야 했고 또 삼랑진역에서 두 시간이나 세 시간쯤 기다렸다가 부산에서 출발해서 서울가는 서울행 기차를 바꿔타야만 그 다음 날 새벽 5시에 서울역에 도착했다. 서울로 올라오는 길이 힘든 시절이었다.

해마다 겪는 일이지만 이화대학 졸업식이 있는 날이면 서울행 기차는 항상 만원이었다. 팔천 명이 넘는 재학생과 졸업생, 졸업식에 참석하는 부모님과 친지들, 합하면 대략 잡아도 이만 명이 넘게 기차를 타고 오가는 셈이어서 종점이 아닌 마산역에서는 북적되는 기차 안에서 열두 시간이나 서서 서울역까지 가는 입석 표 밖에 없었다.

그때 내 나이가 23 살이었으니까 아버지는 51 살이었더가 싶다. 언제나 헤아려 보면 아버지가 나보다 28 살이 많았으니까.

아버지는 몸집이 크면서 사대가 갖춰져서 그 당시에 서양에서 인기 있는 영화배우 록허드슨같이 잘 생긴 미남이었다. 단정하게 깎은 머리에 포마드 기름을 바르고 까만 외투를 입은 아버지는 나하고 길을 걸으면 남들이 연인처럼 보인다고 해서 나를 데리고 다니기를 무척 즐겨하였다. 졸업식날도 까만 외투를 멋지게 입고 옆으로 빗어올린 머리의 가르마는 그 많은 사람들 속에서도 금방 아버지를 알아 볼 수 있었다.

사각모자를 쓰고 즐거운 마음으로 졸업식을 마치고 밖으로 나온 나는 좋아하는 친구들과 사랑하던 남자에게 한아름의 꽃다발과 선물을 받고 한참 행복해 하고 있었는데 즐겁던 내 모습은 사각모자에 찬물을 끼얹은 듯이 찰나에 꾸겨져 버리고 뭉개져 버린 일이 한 순간에 일어났다.

아버지는 내가 좋아했던 그 남자를 처음보던 순간 선과 후가 무엇인지 설명도 하지 않고 막무가내로 화를 내기 시작하면서 화를 참다 못해 졸업 선물로 사가지고 온 딸의 손목 시계를 학교 마당에 사정없이 내동댕이 쳐 버리고 간다는 말 한마디 없이 마산으로 황당하게 가버렸다.

하루만이라도 같이 다니고 싶었던 아버지가 붙잡을 틈도 없이 가버렸다는 슬픔은 온 데 간 데 없이 사라지고 오직 그남자 앞에서 창피를 준 아버지가 너무나 야속하기만 했다. 운동장 땅바닥에서 유리알까지 깨져 버리고 누워 있던 부로바 시계가 정말 아깝기 그지 없어서 밤새도록 울었다. 그 날 내 마음의 상처를 준 깨진 시계의 아픔은 아버지가 돌아가시기 직전까지 손목시계를 한번도 내 팔목에 차지 못하고 살았던 나의 어리석은 추억이 되어버리기도 했다.

세월이 흘러 나도 결혼을 해서 내가 낳은 딸이 사춘기가 되어 남자친구가 생겼을때 나와 똑같이 행동하는 딸을 쳐다보면서 아버지가 왜 시계를 부셔 버렸는지도 늦게나마 알게 되었다. 딸이 고뿔만 걸려도 다 큰 딸을 등에 업고 병원을 찾아 뛰던 아버지를 생각해 낼 수 있었고 겨울방학이 끝나고 서울을 올라갈 때 마산역 전봇대 뒤에서 눈물을 훔치던 아버지가 왜 우는지도 알 수 있었다. 아버지는 내가 원하면 무엇이든지 다 해주고 싶어 하던 나만의 아버지였다는 것도, 나를 대신하여 세상의 비바람도 다 가로막고 살았다는 것도 알게 되었다.

내 나이가 오십 대가 지났을 때 언제나 그대로 일것 같았던 아버지는 혈압 때문에 갑작스럽게 쓰러졌다. 대학 졸업식 때 학교마당에서 시계를 던지던 당당한 아버지의 모습은 간 곳이 없었다. 영화배우 같이 멋진 모습도, 포마드 기름 바른 깔끔한 머리카락도 다 어디 갔는지 없어지고 초점 없는 눈동자만 슬퍼하는 내 얼굴을 한참이나 쳐다 보았다. 얼마 남지 않았다는것도 가슴에 숨긴 채 내 손목을 꼭 잡고는 정확하지 않은 어둔한 발음으로 아버지를 용서하라고 세 번이나 나에게 말했다.

"아버지 몇 십 년전 졸업식 때 시계를 던지던 그 사실이 무엇이 그렇게도 중요하길래 아버지는 나 보다도 더 오래 나의 슬픈 모습을 간직하고 있었습니까" 하고 묻고 싶었다. 마지막으로 전심전력을 다하여 말한 아버지의 용서는 나에게 향한 아버지의 용서가 아니었고 나를 대신한 용서였다고 생각된다. 그것은 40년이 넘도록 오해했던 아버지와 나의 통행금지를 해지한 시간이었기도 했다. 진정한 딸과 아버지가 된다는 것은 정말 수 많은 시간과 세월이 필요한 것 같다.

2010.04

아버지와 딸 33×41cm oil on canvas

그 남자

하나 33×41cm oil on canvas

"비가 온다. 새벽에 그녀는 학교에 갔다. 얼마나 피곤할까? 고마움을 느낀다. 아파서 누울까 봐 걱정이다." 대학시절에 사랑했던 그 남자가 쓴 낙서다. 45년 전 그 남자를 사랑하느라고 미국유학의 꿈도 외교관이 되겠다던 꿈도 다 포기해버리고 대학생으로서의 생활관마저도 방향감각 없이 바뀌져 버렸다. 그것은 분도기의 각도가 1도 틀려짐으로써 생기는 오차라고나 할까?

그 당시 남동생의 가정교사였던 그 남자는 훤칠한 키에 귀족 형의 하얀 얼굴을 가진 명문인 서울대학교의 의과대학생이었다. 고등학교를 졸업하고 대학에 갓 입학한 나는 갑자기 낯선 객지생활을 하면서 한참 외로워하고 있었는데 그 남자는 뜬금없이 학교기숙사에 찾아왔다. 그 이후부터 예상치 않게 가까워지기 시작했다. 아마 비바람을 동반한 폭풍우라고 할까?

그 남자와 함께 미국유학을 가겠다고 덴버 대학에서 학위를 받고 외무부에 근무하고 있는 그 남자의 형에게 영어를 배우겠다고 밤이 늦은 줄도 모르게 혜화동과 신촌을 반복하면서 걷던 기억이 난다. 기숙사의 늦은 귀가시간 때문에 사감선생님의 꾸지람과 마침내는 퇴사 요청까지 받았던 그 남자와 나의 10년 동안의 만남은 이미 이별을 예상했는지도 모른다. 이성 간의 룸메이트로 대학생활을 하는 현재의 사회성에 보면 그렇게 나쁘지 않을 것 같았던 일들이 그때는 남이 알까 겁이 났고 큰 죄인인 것 같아 죽을 것만 같았다.

폐결핵 때문에 가끔씩 손수건에 피를 토하던 그 남자는 자신이 처해 있는 한도의 삶에 집착하면서도 내가 그 남자 때문에 잘못될까봐 때로는 계획적으로 나를 외면하기도 하였지만 아직 세상을 모르던 철부지였던 나는 왜 하필이면 그 남자에게만 생명의 한계를 가졌는지 무척 안타깝고 가슴 아픈 일이라고 생각하면서 밤새도록 울면서 눈이 부어 올랐던 기억이 난다.

생활이 가난했던 자존심 강한 그 남자는 나에게 도움을 받는다는 것은 괴롭고 슬프다고 거절했지만 그럴수록 그 남자를 살려놓아야 되겠다는 집념과 고집으로 안양에 있는 조그만 절 방에 그 남자를 억지로 하숙을 시켜버렸다. 필요한 약들과 살이 빠진 그 남자의 엉덩이에 3일에 한 번씩 꼽던 마이신 주사바늘 자국과 함께 그 남자를 치유할 수 있는 나만의 방법을 총동원하기도 했다. 내가 없으면 그 남자가 꼭 죽을 것만 같아서 안양에서 신촌까지 2시간이나 걸려서 학교를 다니는 본의 아닌 기차통학생도 되었다.

그 남자의 하숙방은 안양풀장 위에 자리잡고 있었으며 삼면이 유리창이어서 해가 지고도 반시간이상 붉은 노을 빛을 반사시켜 주어 희망을 안겨주는 것 같았다. 소나무 숲에 보이는 구불구불한 오솔길이 학교 갔다 오는 내 웃는 모습을 그 남자는 멀리서도 알아볼 수 있었으며 초봄이 되면 비구니 스님들과 고사리와 산나물을 따면서 그 남자의 약한 등에 업히기도 했던 아름다운 자연을 동반한 절의 아래채였다.

그 남자의 절 방은 한 학기 대학등록금이 3만환 할 때 한 달에 1만 5천환 (화폐개혁 전)의 큰 돈을 주고 빌린 방이었으며 그 때 내 마음은 오직 그 남자가 건강할 수 있고 삶에 대한 용기와 희망을 가질 수 있도록 하고 싶은 소망뿐이었다.

하루에 한 시간 이상을 걷지도 말라던 의사의 통보가 있었는데도 내가 타고 있는 통학기차가 안양 역에 도착할 때쯤이면 언제나 그랬듯이 그 남자는 노란 보릿대 모자에 얼굴을 감춘 채 다리를 포개고 쌓아놓은 기

연인 45.5×38cm oil on canvas

차례일 나무 위에 걸터 앉아서 나만을 기다리곤 했다. 나는 힘이 들고 지쳐서 쓰러질 것 같았지만 언제 꺼질 줄 모르는 생명에 대한 애처로운 마음을 떨쳐 버릴 수가 없었다.

밤이면 전기불도 없던 깜깜한 그 남자의 방에 보름이 가까워져서 달이 밝아지면 불을 지피고 큰 대야에 물을 데워 그 남자의 온몸에 비누칠을 하고 머리를 감기고 목욕을 시키기도 했다. 부끄러워하고 미안해 하는 나와 그 남자의 교차점은 일단 달빛 속에 감추어 버리기로 했다.

세월이 지나서 생각해 보면 그 때 내 아버지는 죽이고 싶은 딸의 못남도 젊음 하나로 이겨낼 수 있었고 4.19혁명 때 외무부 옥상에서 경찰이 쏜 총에 쓰러진 그 남자의 형인 영어선생의 비보도 그 남자와 나의 헤어짐도 나의 젊음 하나로 이겨낼 수 있었다. 그 남자와 멀어지던 날 삼랑진 역 앞에 빙글빙글 돌아가던 빨간 신호등 불빛과 역 건너편에서 관객을 부르던 서커스단의 서글픈 나팔소리는 불빛에 반사되던 화려한 나의 옷차림과는 너무나 대조적으로 착잡하고 울적한 밤이었다고 생각된다.

20대가 끝날 무렵 그 남자와 나는 떨어져서 서있었다. 그리움과 지나간 추억을 지금까지 간직한 채 그리고 두 사람 다 건강한 채로……

2010. 11. 15

연인 24×33cm oil on canvas

고향에 부는 바람

서울에서 오래 살다보니 가끔씩 바다가 그리워질 때가있다. 어쩌면 지금까지 내 곁을 따라다녔던 바다는 내 마음의 고향이기도 하다.괜히 마음이 울적하고 쓸쓸함이 찾아오면 한번씩 그곳에 살던 생각이 나서 계절이 바뀔 때마다 마음은 고향에 가 있을 때가 많다. 할 일 없이 마산을 내려가서 바닷가에 줄지어 늘어 서있는 돛단배, 파도 위에 떠다니는 흰 구름떼, 씨끌벅적한 시장 사람들, 고향은 항상 어릴 때 이야기를 품고 사는 엄마처럼 가슴 한 구석이 저며오는것 같다.

얼마 전에도 혼자 마산을 내려갔다. 이상하게도 전에는 싫었던 비릿한 생선냄새가 구수한 고향 냄새같이 다정스레 느껴져서 괜히 질퍽거리는 어시장을 할 일 없이 어슬렁거리면서 이곳 저곳을 돌아다녔다. 조개 까는 할머니, 장어 배 가르는 아주머니까지 내 집 사람처럼 정겹게 느껴졌다.

어떤 할아버지가 바로 앞에서 생선상자를 듬뿍 싣고 리어카를 끌고 가는데 어디서 많이 본 듯한 얼굴이다. 아무리 생각해도 생각이 나지 않는다. 수십년 전에 고향을 떠난 반 나그네가 그 할아버지를 알 리가 없겠지만 친척처럼 많이 본 듯한 얼굴같아 어디쯤 가는지 나도 모르게 그 할아버지를 따라갔다. 특별히 할 일이 있어 이곳에 온 것도 아닌데 가다보면 생각이 날 듯도 해서 기억을 되살려 보면서 좇았다. 어떤 자그만한 생선가게에서 그 할아버지는 멈춰 섰다. 무거운 고기상자를 받으러 나온 할머니는 양쪽 손으로 할아버지와 손을 맞잡고 고기상자를 들고 안으로 들어간다. 몇번씩 들어갔다 나왔다 하는 할머니의 얼굴을 바라본 순간 부모님이 살아계시던 어린 시절로 돌아가지 않을 수가 없었다. 그 할머니는 풍자 어머니였고 할아버지는 동네사람들이 언제나 이름 대신 불렀던 토까이 아저씨였다. 내가 초등학교 다닐때였는데 그아저씨는 술만 들어가면 우리 동네에서는 모르는 사람이 없을 정도로 살림살이는 손에 닥치는 대로 때려부수고 마누라 머리채는 새끼줄마냥 끌고 다니면서 술이 깰 때까지 무엇이 그렇게 억울한지 밤새도록 소리내어 우는 술병이 있는 사람이었다.

우리 집과는 낮은 담 하나를 두고 바로 옆 집에 살았는데 그때 내 나이가 열 한두살 되었던가싶다. 나는 그 아저씨가 밤새도록 벌인 일이 있고난 그 다음 날이면 분명히 풍자엄마가 살아있지 않을거라고 생각했다. 손으로 낚아채인 머리채에 얼굴을 들지 못하고 끌려가던 풍자엄마가 어린 마음에는 그렇게 불쌍할 수가 없었다. 그런데 내 생각과는 다르게 새벽 동이 트면 풍자엄마는 부엌에 나가 아침밥을 하고 그 아저씨도 아무렇지도 않은듯이 마당을 쓸면서 일을 하고 있었다. 어쩐일인지 동내사람들은 풍자엄마가 착하고 얌전하다고 하였고 그 아저씨도 술만 깨면 법 없이도 사는 착한 사람이라고 했다. 그러나 아이들은 길을 가는 그 아저씨를 보면 어디서 나온 말인지는 몰라도 토까이 토까이 놀려대면서 신작로에 놓인 돌을 주워 가지고는 어른에게 던졌으나 그 아저씨는 그냥 지나가기만 했지 아이들에게 아무 대꾸도 하지 않았다. 아이들이 던진 돌에 얼굴에 피가 흐를 때도 있었는데 그럴 때는 마당에서 끌려가던 풍자엄마보다 토까이 아저씨가 더 불쌍하게 보일 때도 있었다.

벌써 육십년 전이였는데 그 아저씨와 풍자엄마가 지금까지 어시장에서 생선장사를 하면서 살아있다고 생각하면 의아하기도 했다. 술병이 있던 그 아저씨와 그 옆에서 동네북모냥 얻어맞고 살아가던 풍자엄마가 동네사람보다 더 오래 살고 있으리라고는 감히 상상하지도 못했다. 삼일이 멀다하

어시장 130×162cm oil on canvas

고 그아저씨의 고성방가에 시달리던 앞집에 진동데기 아줌마도 뒷집에서 빵공장하던 정사장 아저씨도 연탄부엌 만들던 통영데기 아저씨도 바로 옆 집에 살던 우리 부모님들도 다 돌아가신 지가 오래되었는데 까맣던 머리카락이 명주실같이 하얗게 변해버린 토까이 아저씨와 풍자엄마만 우리동네 사람 중에 유일하게 살아 남아서 터줏대감모양 동네를 지키면서 살고 있는것 같았다. 신기하기도 하였지만 감사하기도 했다. 내 생각으로는 남편과 자식을 위해 자기를 송두리째 버리고 살아갔던 풍자엄마의 인내가 이런 결과를 만들지 아니었나 하는 생각이 들기도 하였다. 어디를 가도 고향 까마귀는 반갑다고 하더니만 우리 집 담 너머서 고래고래 소리 지르고 울던 토까이 아저씨의 슬픈 추억이 이젠 많은 그리움으로 다가선다.

내 손목을 붙잡은 풍자엄마는 쬐끄만 아이가 언제 어른이 되었느냐며 손목을 붙잡고 놓지 않는다. 갓 시집 온 새색시가 하얀 할머니로 변해버린 풍자엄마앞에서는 정말 아이가 되어있는 것처럼 담 하나를 두고 옆 집에 살던 옛날 사람들의 슬픈 추억과 정겹던 이야기들이 아름다운 풍경이되어 되살아온다.

어릴 때 좋아하던 고기라며 도다리며 몸체가 긴 낭태, 문어, 아구까지 한보따리 내 손에 싸 주더니 심지어는 바닷물이 더워지는 삼월 달이 지나면 조개가 맛이 없다며 우럭조개, 대합조개를 두

자루나 담아서 내 손에 들려 주고는 눈시울을 적셨다. 갑자기 풍자엄마 보다 먼저 돌아가신 엄마 생각이 났다. 무거워서 그런지 일년이나 먹을 것같이 많아 보인다. 장맛비가 오는 이번 여름날에는 서울 친구들이 찾아와서 부추전이 왜 이렇게 맛있냐고 꼬치꼬치 물어보면 얼마전에 마산에 갔을 때 우리집 담 너머 새색시였던 풍자엄마가 싸주었던 우럭 조개 때문이라고 자랑하면서 밀쳐 놓았던 어릴적 이야기 보따리를 풀어 보고 싶어진다. 곰삭은 젓갈모양 지금까지도 변하지 않은 풍자엄마, 고향에서 부는 바람은 왜 그렇게 따뜻하고 정이 넘치는지 모르겠다.

2013.04

어시장 130×162cm oil on canvas

호랑나비가 오는 시골집

주말이 되면 잠시나마 하던일을 팽개치고 시골집에 내려간다. 하얀 눈 속에 수선화가 고개를 내밀던 때가 어제같더니 어느 새 이름모를 꽃들이 쉬지않고 피고 온세상이 파란 녹색으로 변해버린 오월이 되었다.

마당에 들어서자마자 꽃과 풀잎들에게 한껏 물을 주기 시작한다. 꽃들이 무엇을 원하는지 나는 다 알고 있기 때문이다. 물을 마신 꽃잎들은 마치 목욕을 하고 나온 여인같이 아름답고 청초하게 보인다 금방이라도 태극무늬가 그려진 큰 호랑나비가 목욕하고 나온 꽃술 위에 살며시 날아와서 몇번이고 입술을 맞출 것같다. 작년에 보았던 그 호랑나비는 다른 나비보다 두배나 크고 까만 나비였다. 까만 두 날개를 폈다 오므렸다 금색의 태극무늬가 햇볕에 반사되면 왕관을 쓴 왕자같이 눈이 부셨다. 지금까지 봐왔던 호랑나비와는 어딘지 모르게 달라보였고 귀태가났다. 괜이 내가 꽃인 된 것마냥 그 호랑나비가 오지 않으면 어쩌나 초조해지고 기다려진다. 이름모를 작은새도 이 나무 저 나무 번갈아가며 날개를 퍼득이면서 날아 다닌다. 그들만이 통하는 지지대는 소리도 사람소리 같지 않게 하루종일 들어도 씨끄럽지도 않고 기분이 맑아진다.

한적한 오후 마당에 앉아 바람이 불고있는 바깥을 내다보았다. 연녹색으로 변한 푸른 나무들과 파란 잔디를 비집고 올라온 초롱꽃과 엉겅퀴, 땅에 엎드린 패랭이, 물 위에 떠 있는 수련잎까지 나를 즐겁게 하지 않은것은 하나도 없다. 이웃에서 날아온 꽃씨까지 우리집 꽃과 어울려서 웃고 꽃향기를 맡고 싶은 호랑나비와 왕벌이 날아 오기도 한다. 어릴 때 여름방학이 되면 담쟁이 넝쿨 사이로 호박꽃이 피고 흙이 있는 마당에는 닭과 오리들이 뛰놀고 다니는 외할머니 집에 지천으로 깔려 있는 뱀딸기 꽃과 가지각색의 백일홍과 분꽃은 지금까지 나를 꽃 속에 묶어 두는 촉매작용을 했는지 모른다. 길을 가다가도 꽃만보면 좋은것은 어쩔 수가 없는것 같다.

봄에 피는 초롱꽃, 여름날의 백합, 서리가 올때까지 곱게 피던 가을 국화, 겨울나무에 피어있는 눈꽃까지 꽃이 있는 시골집은 희망을 주고 꿈을 만들어 주는것 같다. 꽃을 바라보고 있으면 모든 시름이 언제 가버렸는지 없어지고 곁에 아무도 없어도 외롭거나 쓸쓸하지도 않다. 때로는 지우고 싶고 허물어 버리고 싶은 무거운 마음까지도 모든 시름이 언제 가버렸는지 어느 새 없어지고 편안해진다. 큰 것만이 나를 기쁘게 해주는 것이 아닌것 같다. 눈에 보이지 않을만큼 작은 것이라 할지라도 내가 아끼고 귀중하면 무엇이든지 행복하게 해 준다.

오늘은 함박꽃이 피려고 꽃대가 훌쩍 올라와있다. 흔들거리는 작약의 꽃망울들을 보고있으면 딱딱한 줄기를 잡고 서 있는 목단꽃은 남정네같이 무뚝뚝하게 보인다. 오늘에야 목단꽃과 함박꽃이 구별이 되는것같다. 미풍이 불면 조용하던 이파리들이 바람에 하느적 거리고 비가 내리면 말없이 고개를 숙인다. 그들을 쳐다보면 사람이 없는 시골집에 앉아있어도 비가 오는지 바람이 부는지 온세상이 어떻게 돌아가는지 다 알아차릴 수 있다. 꽃이 사람하고 다르다고 해서 무시해서는 안되겠다는 생각이 들 때가 많다. 자연도 사람과 같이 생각이 같고 느낌이 다를바가 없다.

꽃은 무슨꽃이던 특색이있고 예쁘기도하다. 새벽이면 이웃집 장닭이 단잠을 깨우고 자정이 넘어서도 지치지않고 우는 한여름 밤의 개구리 소리와 숲속에 앉아 짝을 부르는 작은 새소리, 부채처럼 날개짓하는 까치소리는 시골집이 아니고는 들을 수가 없다.

어느 날인가 여름이 가면 가을이 오고 겨울이 찾아온다. 이렇게 곱게 피었던 예쁜꽃들도 화려했던 한여름날의 자태를 되새김질 하면서 낙엽이 되어 땅에 떨어지고 또 새봄을 기다릴것이다. 생성과 소멸의 이치는 당연하기도 하지만 때로는 서글플 때도 있다. 그래도 하늘에 높이 떠있는 보름달과 작은별은 맑은 밤이면 조용한 빈집에 몰래 들어와서 밤새도록 겨울 이야기에 시간가는 줄 몰라하고 눈이 오는 겨울날이면 주인을 찾아온 까치와 고양이가 가끔씩 눈속에 하얀 발자국을 남기고 갈것이다.

겨울눈이 하얗게 이 집을 덮어 버리고 찬 바람이 한참동안 이집을 스쳐간다 할지라도 봄을 기다리는 이 시골집의 영원한 자유는 내마음의 빈자리를 만들어 주는 큰 스승이기도 하다. 얼굴에 스치는 봄바람, 꽃내음에 하늘거리는 호랑나비와 지저귀는 새소리는 시골집이 내게 준 선물임에는 틀림이없다.

2012.05

포기 33.3×124.2cm oil on canvas

나 혼자서 울던 학교

산정국민학교는 내 젊은 끓는 피를 소롱이 잠재워 주던 산골짜기의 작은 초등학교이면서 잊을 수 없는 학교이다. 잠시라도 떨어져서는 못살 것 같은 한 남자를 잊기 위해 세상의 인내를 배우면서 나 혼자서 울던 학교이다. 떠내려가는 높은 하늘의 뭉게구름을 하루 종일 멍하니 바보처럼 쳐다 보면서 송사리가 꼬리를 흔드는 시냇물에 발을 담그고 주름살모양 바람에 얼렁거리는 물 위에 보고픔의 눈물이 방울방울 떨어지던 곳이기도 하다.

쪼무래기 일, 이, 삼학년 합해서 열 명도 안 되는 아이들을 가르치면서 사학년이 되면 본교로 보내는 첩첩산골의 작은 분교 이기도했다.사방이 병풍처럼 산이 가려져 있는 동네는 논과 밭이 운동장처럼 오목하게 펼쳐져 있고 스무 채도 안 되는 아담한 초가집들은 학교와 서로 마주보고 있어서 하나 밖에 없는 선생이 무엇을 하는지 눈을 맞추면서 살던 학교이면서 해가 산허리에 떨어지고 땅거미가 지려고 하면 굴뚝에서 나오는 하얀 연기가 붉은 노을과 춤을 추던 그런 곳이었다.

마산에서 낙동강 쪽으로 한 시간쯤 버스를 타고 가면 칠원이라는 촌락이 나오고 칠원 시내에서 서쪽 산골짜기로 이십 리나 삼십 리쯤 하염없이 오솔길을 걷다 보면 산정이라는 동네가 나온다. 신작로도 없고 찻길도 나와있지 않아 풀 친구를 헤치며 둘이는 손잡고 걸어갈 수 없는 좁은 길이다. 걸어가다가 다리가 아프면 쉬엄쉬엄 쉬어가면서 숲 속에 날아다니는 작은 새도 보고 돌멩이에 부딪치는 시냇물소리와 개구리 소리를 넋 나간 사람처럼 들어가면서 풀 속에 숨어있는 나와 같은 꽃을 보기도 하는 곳이였다.

서울에서 대학이라는 곳을 갓 졸업하고 스물네 살의 아이와 같은 나이에 나만의 생활을 찾아 볼 수 없었던 시골학교에 동네어른들과 잘 어울리면서 별로 좋아하지도

포기 27×22cm oil on canvas

않는 개구쟁이인 조무래기들을 가르치는 좋은 선생이 되었다는 건 지금 생각하면 하늘이 도운 일이었다. 언제 터질지 모르는 시한 폭탄이던 보고픔의 불덩어리를 안고 이곳에 숨어서 살던 나의 모습은 밝은 햇빛도, 맑은 하늘도 아니었다. 개구쟁이들을 잘 가르칠 선생님의 자질이 있었던 것도 아니었는데도 신기하기 짝이 없었다. 아마 활화산에서 흘러나오는 식지 않은 시뻘건 용암과 폭포수처럼 솟아나면서 멈추지 못하는 하얀 연기가 그 당시의 나와 같은 모습이었다.

산중턱에 오목이 둘러 쌓인 그림 같은 초가집들, 주위와 동떨어져 있는 그 동네는 소나무, 돌멩이와 풀잎 그것이 전부였다. 그 속에 살고 있는 사람들과 있는 그대로의 자연은 나까지도 한 묶음을 만들어 주었다. 아이를 가르치고 싶은 어른들은 부지런히 논을 갈고 밭을 매고 나무를 하고 농사를 지었다. 조무래기 아이들은 보따리를 접어서 만든 책가방을 허리에 매고 비가오나 눈이오나 학교에 와서 삭은 칠판에 쓴 엄마, 아빠, 할아버지 할머니를 배우고 집에 갔다. 오직 한 남자에게만 쏠려 있던 나의 겉잡을 수 없던 시한폭탄이 조무래기들에게 가까이 다가가면 다가갈수록 굳게 닫혀있던 마음이 조금씩 허물어지기 시작했다. 그 남자에게만 고정되었던 내 눈동자도 우리 선생님을 찾는 아이들에게 끌리기 시작했다.

산허리를 감고 흐르는 새벽 먼동이 불그스레한 색을 띠우면서 학교 뒷산에 비치기 시작하면 아이들을 데리고 산에 올라갔다. 솔방울을 줍고 작은 나무를 끌어 모아 겨울 채비도하고 산나물과 고사리와 쑥을 캐다가 동네 사람들에게 보내기도 했다. 산과 들, 꽃과 풀은 가까이 할수록 우리들을 좋아했다. 선생님과 아이들은 똑같이 나무와 꽃이 되어 아무 욕심 없는 꿈을 키워 가면서 높은 하늘을 닮아갔다.

이 동네에 처음에 와서는 서먹서먹한 촌 동네에 쪽마루가 딸린 방

생각 41×31.8cm oil on canvas

하나 부엌하나, 토담교실 옆에 붙은 빈 초가집 하나가 선생의 사택 전부였다. 밤이면 바람소리에 딸가닥거리는 문고리가 그 남자의 소리인 양 저미게 하고 멀리서 떨어지는 별빛은 무서움을 숨기고 사는 여자아이의 가슴을 서늘하게 만들었다. 나 혼자서 살기에는 엄청 슬프고 외롭고, 무섭기도 하여 큰 소리 내어 울어도 보았다. 그러나 어느새 동네사람들이 아프면 약 먹이는 의사선생님이 되고 싸움과 시비가 생기면 나에게로 달려오는 선생님 판사가 되었다. 아이들과 동네어른들은 그냥 선생님이 우리 선생님으로 바뀌기 시작했다.

50년대 3남2녀에서 2남1녀의 가족계획에 앞장서는 피임선생님도 되어 부끄러운 줄도 모르고 피임 풍선을 나누어 주기도 하고 그 다음 날은 온 동네에 풍선꽃이 피기도 하였다. 모두다 내 식구 내 가족이었다. 흙한 주먹 속에 돌 한 개씩을 떠밀어서 만든 방 한 칸만한 초가집 교실 우리가 만든 교실 흙 바닥은 낙엽을 깔고 앉아도 포근하고 따뜻하기 그지없었다. 많은 시간은 아픔도 그리움도 잊게 해 주었다.

늙던 이상도 현실루 변해가고 있을 때 학교 운동장에 나온 동네사람들은 나를 떠나 보내기가 싫어서 한참이나 손을 잡고 나와 같이 울었다. 그 곳을 떠날 때는 찾아 올 때보다 더 많이 눈물을 흘려야 했던 삼년 동안의 산정국민학교는 미움과 사랑의 폭탄 덩어리까지도 삭여버린 따뜻한 학교였다.

꼬불꼬불한 논둑을 걸어서 선생님 밥상을 머리에 이고 오던 새댁들, 고부간의 갈등이 심하던 그 시절에도 선생님 핑계만 하면 통하던 시어머니들까지 따돌리고 밤늦도록 깔깔대며 나물밥을 해먹던 그날이 새삼스럽고 그립게 느껴진다. 그때의 새댁들이 이젠 팔순이 넘은 나이가 되었으리라 생각된다. 솔방울을 줍고 산나물을 캐면서 놀았던 우리 개구쟁이들도 중년이 넘었고 선생님이 사랑했던 남자도 뻐꾸기처럼 나를 찾다가 다른 여자와 결혼을 해버렸다. 벌써 오십 년이나 되었다.

2012.06

여유 60.5×50cm oil on canvas

작은 손님

언제 날아왔는지 나의 시골마당에 까치 한 마리가 두 발을 꼭 붙인 채 마당 한 가운데서 혼자 뛰놀고 있다. 앞 마당을 아무 생각 없이 바라보고 있던 내 시선을 잠깐 외면하고 있는 동안에 까치는 백 번도 더 넘게 뜀뛰기를 한 것 같다. 밤톨만한 작은 머리를 이리저리 갸우뚱 거리고는 희고 검은 눈동자를 떴다 감았다 하면서 두리번거린다. 반갑기 그지 없다. 옛날 사람들은 까치가 오면 반가운 손님이 온다고 그랬는데…… 눈보다 더 흰 하얀 셔츠 위에 걸친 작은 손님의 까만 턱시도는 예의 바른 가을 문턱의 귀한 손님이라고나 할까? 아마 한 번씩 무턱대고 찾아오는 이 촌집의 나그네를 무척 보고 싶어하면서 찾아 헤매는 것 같다.

나를 그리워하는 손님이 있다니 먼 옛날 학생 때 한 남자를 쫓아다니던 철부지 시절을 되돌려 주는 것 같아 마음도 같이 뜀

뛰기를 한다. 예쁜 손님을 맞아야지! 자신도 모르게 작은 창문을 살며시 열었다. 까치가 날아가면 어쩔까 하면서. 바깥은 늦은 가을이 완연하다.

엊그제까지만 해도 반가운 손님이 올 때마다 이글거리는 여름 햇살을 혼자 잠재워 주던 느티나무의 큰 우산같이 무성하던 잎사귀들이 설날 아침에 입은 색동저고리 같이 아름다운 낙엽이 되어 약간의 빛이 바랜 파란 잔디 위에 사이 좋게 떨어지고 있다.

더 빨갛고 더 노란 아름다운 이파리들을 자신도 모르게 한 움큼 손에 집어서 만져 보았다. 떨어져서 어디를 갈 것인지 물어도 보면서 그리고 소복히 쌓인 낙엽 위에 두발을 올려 놓고 지금의 내 못난 모습을 반추하면서 까치가 놀았던 작은 마당을 이리저리 왔다갔다 하면서 걷기도 하였다.

이럴 때는 세상 맛을 몰랐던 작은 친구들과 만나고 싶고 이야기도 하고 싶어 엄마가 살았던 고향집으로 내 마음을 보내기로 했다.

여름 날 친구하자던 연노랑 아기 연꽃도 내 발목을 붙들지도 않고 찬 공기가 미워졌는지 고개를 숙이고 숨을 죽이고 있다. 왜 이렇게 가을이 빨리 지나갔을까? 중얼거리는 사이에 가을은 문턱을 넘고 겨울 나무에 걸려 있었다. 뚜렷이 좋아해서 한 일도 없다. 두서 없는 내 생활의 많은 하루들에게 후회스런 반성문을 보내고 싶다. 그리고 앞으로 다가오는 시간들에게는 귀중함을 또 다시 느껴야 되겠다고 약속하고 싶어진다.

잠깐 동안이나마 무성하던 한여름의 어느 날을 그리워하면서 소침해 가고 있는 나에게 건너마당 모퉁이에 우뚝 서 있는 청정한 몇 그루의 소나무가 용기를 준다. 아직도 깊은 속 마음을 하얗게 또 하얗게 비울 수 있는 시간은 많이 남아있다고……

이제부터라도 겨울이 오기 전에 아무 욕심도 없는 까치와 함께 이 마당을 백 번이고 이백 번이고 함께 뛰놀 수 있는 아름다운 낙엽이 되는 연습을 해야겠다.

2010.05

이야기 45×53cm oil on canvas

모정 53×45cm oil on canvas

분홍 쓰나미

아침 공기가 상쾌하던 하와이의 조용한 아침이었다. 야자수 잎들이 손바닥을 폈다 오므렸다 꼬막 손처럼 하늘거리고 있었다.

창가에 바라보이는 맑은 바다는 간난 아이의 목욕탕같이 소담하게 보이고 물오리떼가 떠있는 것처럼 파도타기 (surfing) 하는 아이들은 둥실둥실 올라갔다가 내려갔다가 나타나기도 하고 사라지기도 하면서 신기루처럼 보인다.

딸과 엄마가 살아가는 평화롭던 아침의 여유는 지극히 짧은 순간에 갑자기 사라졌다. 순식간에 밀려오는 쓰나미에 쓸려서 내려가고 있는 나와 딸의 거리는 돌풍같은 회오리 바람을 몰고 오는 먼 바다와 같았다. 지진의 끝자락에서 흔들리고 있는 무서운 핵의 하얀 연기는 딸의 사춘기가 시작된다는 신호이기도 하면서 결과를 예측할 수 없는 반항은 마침표를 언제 찍을지 모르는 엄마에 대한 도전장이었기도 했다.

못마땅한 생각을 어디에다 초점을 맞췄는지 딸의 무조건적인 반항은 아침을 먹던 파란 식탁을 엎어버리고 말았다. 날카로운 깨진 그릇의 조각들과 뒤범벅이 된 부식들은 보기 싫은 물감을 뿌린 듯 흰 카펫에 어지럽게 흩어져버렸다.

단아한 자태를 뽐내던 백자항아리도 머리를 땋아 내린 까만 얼굴의 인도인형도 동강이 난 채 이리저리 힘없이 뒹굴었다. 보물보다 더 아끼면서 자랑스러워하던 인도인형의 떨어져나간 파편을 내려다보면서 둥둥 뛰는 심장은 딸에 대한 배신감으로 순식간에 쓰러질 것만 같았다. 높고 파란 하늘에 분홍 꽃을 피우겠다던 딸에 대한 기대는 동이 트면서 사그라드는 이슬같이 슬퍼 보였다.

"엄마가 죽었으면 좋겠다" 는 딸이 쓴 일기장 속의 엄마는 날마다 밟히고 찍히면서 무시당하고 있었다. 엄마와 딸의 끈을 놓지 않으려고 죽을 힘을 다해 줄을 당겨야 하는 책임감과 의무는 수년 동안 이어졌다. 고국의 그리움과 사랑을 심어보았던 딸의 조기유학은 인내의 결정체였기도 했다.

내던져진 책가방속에는 하얀 담배가 줄을 지어 누워있었으며 술에 취한 딸의 모습은 지우고 싶은 그림과 같았다. 고등학교 2학년이 되었을 때 딸은 전교1등이 되어 백악관에 초대된 모범생이었다. 클린턴대통령은 나와 딸의 손을 잡았다. "I envy you." (당신이 부럽습니다.) 그때는 백 개 천 개보다 더 많은 꿈의 깃털을 머리에 꽂고 다니는 것 같았다.

학교 공부도 1등, 율동과 함께 부드럽던 피아노도 1등, 수영과 골프, 친구들을 포용하는 폭넓은 성격과 엄마를 아빠보다 더 사랑하던 착한 딸은 그믐밤 속에 숨어버린 초승달 같았다.

까만 반바지에 티셔츠만 입고 학교조차 다니지 않던 어울리지 않던 머슴애가 스스럼도 없이 집을 들락거리고 그 남자 아이가 좋아서 딸은 맨날 집을 나갔다. 그 머슴애를 따라 떠나버릴 것만 같은 생각은 집을 나간 사내를 기다리는 여인같이 초조하였고 어울리지 않던 사내 애의 여운이 오월에 떨어지는 목단 꽃 모양 나를 슬프게 하였다.

못난 친구가 신기하고 세상이 바뀌져 보이면서 통제되어 왔던 딸의 자제력이 친구와 환경에 의해 터져버린 쓰나미의 사춘기는 어른화 되어가는 성장과정의 폭음이었다고 할까?

"엄마 내가 왜 그랬지?" 대학을 가고 이 학기가 되었을 때 모든 것을 앗아가던 쓰나미도 연기를 품고 지진을 동반한 핵 폭탄도 언제 가셨는지 구름 속에 감춰져 버렸다. 원래대로 착하게 변해버린 딸아이의 웃는 모습은 구름 한 점 없는 파란하늘이었다.

2011. 03. 26

딸 26×18cm oil on canvas

풀 각시

여름 45.5×53cm oil on canvas

현관문을 열고 나서려는데 눈앞에 다가오는 단풍잎이 유난히 아름답게 보인다. 요즘같이 가을이 짙어져서 가끔씩 바람이 불면 새 빨간 단풍잎은 바람이 불 때마다 하늘을 치솟다가는 원을 그려도 보고 여러 가지 장난도 하면서 서서히 떨어지는 모습이 보인다. 지난 날 같으면 얼른 허리를 구부려서 예쁜 단풍잎을 줍고 집에 와서 책갈피에 넣었을 건데 예전 같지 않고 그냥 쳐다보면서 바라보기만 하였다. 가을은 단풍이 화려해서 설레기도 하지만 왠지 떨어지는 낙엽을 보면 지나간 일들이 겹쳐져서 스산하게 느껴질 때가 더 많은 것 같다.

어렸을 때 우리집 앞에도 큰 느티나무들이 동네를 감싸고 있었고 바로 보이는 앞산에는 도토리나무 감나무 밤나무 들이 가득해서 단풍이 짙었다. 그 나무들 속에는 새끼나무와 이름 모를 풀들이 빽빽이 들어앉아 있었고 사이사이에 쌀알만한 빨간 까치밥과 터져버릴것같은 망개나무가 낙엽이 쌓인 오솔길을 지나가는 사람들의 발을 멈추었다.그래서 가을은 더욱 빨갛게 익아갔다.

마당 앞에는 잔잔한 바다가 보였다 수평선이 보이는 큰 바다를 둑을 쌓아서 막아놓은 바다는 바다같이 넓게 보이지않고 작은 호수같이 아름답게 보였다. 아침에 해가 뜨면 담장 안에 엄마가 심어놓은 봉숭아 꽃, 백일홍, 접시꽃과 울타리를 타고 올라가던 호박꽃은 금방 솟아오른 아침 햇볕이 맺힌 이슬을 반짝반짝 닦아주었다. 그때 그 시간이 되면 우리 동네 친구들은 바닷가에 있는 모래 더미 위에서 해가 뉘엿뉘엿 질 때까지 소꿉 놀이를 하며 놀았다.

바로 앞집에 사는 덩치가 큰 삼태는 언제나 아버지가 되고 옆집에 사는 부자는 엄마가 되었다. 날씬한 순옥이는 딸이 되고 시게오라는 일본이름을 가진 키가 작은 아이는 아들이 되었다. 나는 한번도 삼태각시가 되어 보지 못하고 늘 명령만하는 소꼽대장 역활만 했지만 조개껍데기 밥그릇에 모래밥을 담고 호박 잎을 따다가 밥상 보를 만들고 풀을 썰어서 나물을 만든 밥상은 어른들을 깍듯이 흉내 낸 엄마 아빠의 밥상이었다. 목장 집 외동딸이던 순옥이는 아버지가 금방 짠 따뜻한 소젖을 날마다 한 병 가져왔는데 친구들은 소꼽장난하며 노느라고 하루 종일 우유 몇 모금만 먹고 놀아도 배고픈줄 몰랐다. 두 개의 크로바꽃을 붙여 만든 꽃시계, 머리에 꽂은 빨간 접시꽃은 신랑각시를 만들어 주었고 조막손으로 만든 몇 개의 풀각시는 신랑각시가 낳은 아가라고 좋아했다. 긴 풀줄기를 다듬어서 머리통과 팔다리를 만든 풀각시는 꼭 쬐끄만 아이같이 예쁘기도 했다.

날이새면 날마다 어릴때 친구들이 소꼽놀이하던 그 바닷가에도 소나무가 있고 가을이면 느티나무길을 따라 단풍이 들어 참으로 아름답게 보였다.

그렇게 엄마 아빠, 아들, 딸이 되어 해가 지는 줄도 모르게 놀았던 아이들은 고향을 떠나 뿔뿔이 흩어져서 내가 모르는 어디엔가 살고 있다고 한다. 옆 집에 살았던 뚱뚱한 부자는 일본에 가서 산다고 하고 시게오와 순옥이는 어떤 곳에 살고 있는지 알 수가 없다. 삼태 소식은 아직

개구쟁이 40.9×31.8cm oil on canvas

까지 가끔 가끔 들려오는데 어릴 때는 엄마 말도 안 듣고 유별나게 부랑쟁이였는데 삼태만 기특하게 고향을 지키고 산다고 한다. 고향에서 사는 사람은 태어날 때부터 따로 있는가 싶다. 어딘지 모르게 순하게 보이고 사람을 만나면 도회지 사람답지 않게 살갑게 군다.

할 일이 있어 어느 날 고향에 갔는데 몇 십 년 만에 소꿉장난하던 삼태를 만났다. 이젠 둘이 다 다시 돌아갈 채비를 할 나이가 되었는데도 그 동안 지난 세월의 공백은 하나도 없고 어릴 때 부르던 그대로 희야 하고 내 이름을 스스럼없이 부르면서 반가워했다. 갑자기 꽃시계를 팔목에 감고 풀각시를 만들던 어린 아이로 되돌아 가는듯했고 한여름 밤 평상 위에서 빨래를 다리던 엄마가 나를 부르는 소리마냥 정이 줄줄 넘치는 것 같았다. 밤이슬이 내리면 빨래가 처진다던 그때의 엄마도 지금 생각하면 한여름의 보름달모양 젊은 나이었다.

어릴 때 엄마와 함께 살던 고향을 떠나 서울에 온 지도 벌써 오십 년도 더 되는 것 같다. 가을이 되어 낙엽이 떨어지던 학창 시절에도 명동성당을 지나 남산 팔각정에 자주 올라갔다. 흐드레지게 낙엽 진 창경원 숲길을 걷기도하고 하루 종일 아이같이 고운 낙엽을 주워 책갈피에 넣어두기도 했다. 어쩌면 낙엽은 빤주깨미(소꿉장난)하던 고향의 냄새 같아서 마음이 켕기고 그래서 고향에 자주 가지 못하는 반 나그네에게는 공연히 슬프게 보이는지 모르겠다.

2012. 11. 15

소꿉친구 72.7×53cm oil on canvas

달구경 72.7×60.6cm oil on canvas

고 백

호젓한 시골밤길을 걸어보는 것이 얼마만인지 모르겠습니다. 어제 저녁 내가 운영하고 있는 유치원에 볼 일이 있어서 민속촌 뒤쪽 시골길을 밤 늦게 걷게 되었습니다. 밀린 일들이 늦게 끝난 탓도 있겠지만 간단하게 저녁도 먹어야겠기에 나와 가까운 친구와 둘이서 걸어보는 그날의 밤길은 어릴 때 말고는 너무나 오랜만에 걸어보는 밤길인것 같습니다. 몇 십 년 만에 걸어보는 밤이어서 그런지는 몰라도 밤길을 비추는 보름달 빛이 내가 생각하던 것보다 유난히 밝고 둥글다는 느낌을 가져보았습니다. 하늘에 떠 있는 보름달은 언제나 한달에 한번씩 동그란 원을 만들어 가면서 몇 천년, 몇 만년 동안 변함없이 보름달이 되어 밝은 빛을 비추고 있었을 것인데도 나는 그 동안 무엇을 하느라고 수십년 동안 밝은 달빛마저 느끼지 못하고 어둔하게 살았는지 갑자기 못난 사람같이 바보같이 느껴졌습니다.

엊그제만 해도 더운 여름을 이겨내느라고 에어컨 바람과 선풍기 돌아가는 소리에 몸을 뒤척거리고 있었는데 벌써 여름이 가버렸는지 처서가 지나자마자 아침 저녁 제법 쌀쌀한 기운이 달빛 속에 걸어가는 긴 그림자와 함께 귀뚜라미와 풀벌레 우는 소리가 엄마를 기다리는 아이같이 쓸쓸하게 들립니다. 그리고 순간이나마 잊고 살았던 엄마가 나이 답지않게 보고 싶어집니다.

언제나 옥색 비단 치마 저고리를 곱게 입고 짧은 금봉 비녀를 아담하게 꼽고 계셨던 엄마는 사람들의 말에 따르면

한 군데도 버릴 게 없이 살림 잘하고 자식 잘 키우는 내유외강의 아담한 거제도 여자였습니다. 대구 알 젓, 갈치 토막 젓갈부터 된장, 간장 보리 고추장은 기본이고 술 담그는 것까지 못 만드시는 것이 없었습니다. 남이 맛을 낼 수 없는 콩잎 장아찌부터 북어, 더덕, 도라지, 멸치 장아찌까지 엄마 손을 거치면 어떤것이던 맛을 내는 요술 손을 가진 여자였습니다. 바쁜 속에서도 조금의 여유라도 생기는 날이면 남들이 보이지 않는 대청마루 밑바닥까지 들어가서 거미줄까지 쓸어내던 엄마는 언제나 대청마루 바닥이 번들거리고 가마솥이 번들거리고 장독대가 달빛에 반짝거렸습니다. 대쏙같이 성의난 고집하면서 용시를 불허했던 아버지도, 아버지 못지않게 고집쟁이던 나에게도 따뜻한 겨울난로와 같았습니다.

그때는 엄마가 이런 사람이라는걸 정말 몰랐습니다. 해바라기처럼 내 입맛만을 고수하는 요리사였다는것도, 내 앞에서는 언제나 뒷걸음 치면서 다독거려주는 유일무이한 카운셀러를 가진 줄도 모르고 살았습니다. 그런데 오늘은 왜그런지 엄마에게 말하지 못했던 옛날의 잘못을 고백하고 싶어지는지 모르겠습니다. 수십 년이 지났는데도 엄마에게 말하지 못했던 지난일은 엄마의 가슴에 상처를 줄까봐 엄마생전에 도저히 말할 수가 없었습니다. 그 시절에도 처세를 아버지에게 외교관보다 더 잘하시던 엄마였으나 그때만은 아버지에게 죽을 죄인이 되어 몇 날 며칠 몸져누워 계시던 엄마의 작은 모습을 나는 평생 잊어본 적이 없습니다. 체구가 큰 아버지의 큰 손바닥으로 얻

바닷가 53×45cm oil on canvas

어맞은 엄마의 얼굴을 더더욱 쳐다볼 수도 말할 수도 없었습니다.

그것은 엄마 아들이면서 내 동생이 중학교 다닐 때 나는 고등학생이었습니다. 한창 사춘기던 남동생은 또래들하고 밤새도록 딱지치기를 해서 돈을 잃고 친구에게 빌린 돈을 갚을 길이 없자 호랑이 같은 아버지의 금시계를 훔쳐서 친구에게 빌린 돈을 대신 갚았습니다. 지금 생각하면 별 것도 아닌 것 같았지만 그 당시에는 엄마에게는 자식이 도둑이 된다는 것은 엄청난 일이었습니다.

엄마는 기가 막히고 하늘이 노랗게 변했으며 아버지에게 큰아들을 도둑을 만든다는것은 엄마에게는 죽음과 같은 자존심을 잃는것이었습니다. 생활비를 아버지에게 얻어 쓰시던 그 시절의 엄마는 자식에게 도둑의 누명을 씌우지 않기 위해 장롱 서랍에 꼭꼭 숨어놓은 아버지의 비자금을 훔쳐내기로 했습니다. 그 돈으로 아들이 빌린 돈을 친구에게 돌려주었습니다. 잠깐 동안이나마 없어졌던 아버지의 금시계는 아무도 이 사실을 모른 채 제 자리에 놓아졌던것입니다. 그러나 엄마는 큰딸인 내가 배신자인 줄도 모르고 나한테만 아버지의 돈을 훔쳐 금 시계를 다시 찾아놓은 이야기를 했던 것입니다.

훔치는 것은 오직 나쁜 것인 줄만 알고 배웠던 나는 앞뒤 전후와 부모와 자식, 인과관계는 내 머리 속에 삭제된 채 도둑이 엄마였다는 것을 아버지에게 고해바쳤다는 사실입니다. 아버지보다 두배나 작은 체구를 가진 엄마는 몇날 며칠 나 대신 몸져 누웠고 죽을 죄인이 되어 일어나지 못하였습니다. 오십 년도 넘게 목에 걸린 가시처럼 내려가지 않던 엄마에게 드리고싶은 내마음의 용서를 오늘밤에야 드리게 되었습니다. 엄마, 진정으로 사과 드립니다. 그리고 정말 엄마를 사랑합니다.

2009.09.05

비오는날 32×40.5cm oil on can

비오는 날

비가 오려고 구름이 서서히 몰려온다. 조금씩 비추던 햇살도 안개에 가려 점점 어두어진다. 높은 하늘이 낮아지는것처럼 보이고 내가 살고 있는 집은 새둥지처럼 작아진다. 밖으로 퍼져나가던 라디오의 노래소리도 내곁에서 부르는 것처럼 가깝고 아름답게 들린다. 이런 날이 되면 밖으로 나가기가 싫어지고 따뜻한 차 한 잔이 그리워진다. 조용히 내리는 빗소리와 탁자 위에 놓인 찻잔에 하얀 김이 온 방안을 서성거리기 시작하면 나도모르게 차곡차곡 쌓여있는 지나간 엣날 이야기들을 천천히 되새김질 한다.

내 나이 만큼이나 오래된 보물창고에 들어가서 보고싶은 사람들을 찾아 이 골목 저 골목 들락거리면서 손을 잡고 어깨동무하면서 엣날에 놀던 이야기를 꺼집어 내기 시작한다. 아무리 오래 이야기하면서 놀아도 싫증이 나지않고 새록새록 재미가있다. 어릴 때 숨박꼭질하다 책상밑에 쭈구리고 앉은 꾸밈없는 아이들모양 따가운 햇살이 가려진 작은 행복들이 꿈을 부풀게한 그리움노 아직까지 지워지지 않고 남이있다. 욕심없는 그들을 만나면 자꾸만 작아지는 아이가 되어버린다. 채우기 위해 무조건 달려왔던 나를 비우고 내 감옥에서 해방을 시킨다. 나를 사랑한 사람들 기쁨과 희망을 준 사람들, 나를 아꼈던 사람들까지 비오는 날이면 내 곁에서 나와함께 이야기하며 논다.

차 한 잔을 앞에 두고 맛과 향을 음미하던 나는 비가 그치면 그들이 떠날 것만같아 얼런 우산을 쓰고 그들과 함께 거리를 나왔다. 특별히 가야 할 어떤 곳도 없었지만 꽃과 풀, 산과 나무, 비와 눈, 옛날이 담겨진 그네들이 좋아 세종로 앞길을 함께 걸었다. 바람이 불고 장대같은 비가 폭풍우같이 쏟아졌다. 그네들도 더 많은 이야기가 담겨 있는지 우산이 휘어지도록 세찬 바람이 비와함께 쏟아지기는 근래에 와서 처음 보았다. 우산이 맞닿은 머리결을 빼고는 어깨부터 바지까지 물에 빠진 여자처럼 온몸에 물이 흘러 내리고 양말과 신발은 쓸어 내려오는 물바다에 배처럼 뜨는 것 같았다. 다른 때 같으면 비가 그칠 때까지 어떤 추녀밑이라도 머물 생각을 했을 것인데 그들과 함께 했던 지난날 때문에 그냥 걷고 싶었다. 근처 지붕 밑에 비를 피하고 있던 여인이 나를 쳐다보고는 웃는다. 그녀도 나와 비슷한 연배인것 같다.

고등학교 이학년 마지막 시험 때였던가 싶다. 학교를 마치고 집으로 가던 어느 날 장대같은 비는 우산도 없는 나에게 피할 여유도 주지않고 퍼붓는 날이 있었다.하얀 교복과 천으로 된 책가방은 물바다가 되고 말았다. 시험에 필요한 책과 중요한 요점들을 깨알같이 적어놓은 글씨는 잉크까지 번져서 도저히 알아볼수가 없었다. 밤이 깊을줄도 모르게 울었던 그날이 꼭 오늘같은 날이었다.

걷다보니 발걸음은 극장 앞에까지 왔다. 영화라면 역시 그들과 함께 많은 추억을 가지고 있다. 참새가 방앗간을 지나갈 수 없다는 말이 생각난다. 영화라면 참새보다 더했던 나는 메추리모양 비를 맞고 흠뻑 젖은 옷차림으로 극장안으로 들어갔다. 비오는 이런 날이면 게으른 사람은 아직 일어 나지도 않을 아침 시간이었다. 홍수같이 퍼붓는 비는 조금도 그칠 줄을 몰랐다. 분명 영화는 상영되지 않을것 같은 마음이다. 어쩌면 나혼자만 덩그렇게 극장 한가운데 앉아 비에 젖은 옷을 추스리면서 누가 보면 이상한 여자같이 영화를 볼거라고 생각했다.

내 생각은 빗나가고 영화는 여늬때처럼 약속되로 상영된다고 한다. 되돌아 가지 않아도 될 반가운 마음에 영화표 한장을 사기로 했다. 순간이나마 구속된 생각으로부터 욕심 없는 아이같이 자유로워지고 싶었고 불필요한 것들로부터 단순해지고 싶었다.

자리를 잡고 옆을 쳐다보니 장대비가 쏟아지는 오늘같은 이른 아침에도 열 명이 넘는 사람들이 자리를 잡고 앉아 있는 것이 보인다. 그들도 나와 똑같이 비를맞고 보물창고의 친구들을 데리고 온것같다. 내 옆자리에 여자친구가 나란히 앉아 어릴 적 이야기에 꽃을 피우고 있다. 둘이서 온 사람도 있고 나처럼 혼자 온 사람도 더러 있다. 나혼자만 비오는 날이 좋아 비를 맞고 걷고 있었는 줄 알았는데 내 옆에 앉아 있는 사람들도 나와 똑같이 하늘이 낮고 어슴프레 비오는 날이면 철없는 아이가 되는 줄은 몰랐다. 조금 지나면 장대비는 그치겠지만...

2012.10

잘못된 사진 41×53cm oil on canvas

엄마의 큰 며느리

아버지가 살아 계실 때 미리 준비한 무덤에 싫다는 말 한마디 못하고 들어가는 엄마의 무덤가에는 큰 나무들이 숨어서 울 수 있는 그늘을 만들어 주고 있었다. 초봄의 연한 잎들이 초여름 진한 녹색 이파리가 될 즈음 온 산이 떠나갈 듯이 어무이..어무이..하고 통곡을 하고 우는 엄마의 큰며느리는 하늘에서 비추는 햇빛도 그녀의 두 얼굴을 아는지 산뜻하지 않고 가을 달빛모양 어슴프레 비췄다. 엄마를 좋아하던 사람들은 이 곳 저 곳 나무 사이에 서서 가끔 눈시울을 적시면서 남이 살다간 흔적이 나의 흔적인양 허무와 뉘우침이 교차되는 시간이기도 했다.

아무리 생각해도 엄마가 이렇게 되기까지는 살아있는 엄마를 병원 냉동실에 넣겠다고 펄펄뛰던 그 여자 때문인것 같아 내마음 한구석은 무우말랭이처럼 배배꼬이는 분한 마음을 추스릴 수가 없었다. 동생의 집 근처 병원에서 가느다란 숨만 쉬면서 영락없이 죽은 사람처럼 철침대에 누워있던 엄마를 급해서 큰 병원이 있는 부산으로 옮겨놓았을 때 엄마는 영양주사 한 대에 거짓말같이 눈을 뜨고 잠자다가 일어난 사람같이 언제 왔느냐면서 나를 보고 좋아했다.

의사는 다른 병은 없고 영양실조일뿐 이라고 말하면서, 허멀건한 내 주위의 가족들을 돌아 보았다. 조금 전까지만 해도 돌아가실 것 같았던 엄마가 갑자기 눈을 뜨고 주위의 안부까지 물어보는 시어머니가 자기생각과는 정반대로 얄밉기도하고 오래 살 것같이 보였던지 남동생의 승용차를 억지로 타고 응급차를 뒤따라온 그 여자는 병원 복도에서 발을 굴리면서 저녁에 떠오르는 달처럼 살아나는 엄마를 보고는 부끄러운 줄도 모르고 펄쩍펄쩍 뛰었다.

두 시간만 그대로 두면 죽을건데 예약한 영안실은 어떻게 하고 부산까지 누나를 따라왔냐면서 도마 위에 오른 찌느르미 소리같이 큰 남동생을 볶아되었다. 병원 창문 밖에는 바람소리에 흔들리는 나무도 있었고 파란 하늘도 그녀를 쳐다보고 있었다.

비단 옷에 꽃신까지 신고 살았던 엄마에게 영양실조라는 병명은 하루이틀 조식을 굶은 것이 아니고 보름도 더 지난 느낌이 들어 무거운 다듬이돌로 눌려 놓은 것처럼 밑바닥에 깔려 있는 아픈 마음은 엄마를 살려야 된다는 욕심 때문에 억지로 짓눌리고 으깨버리기 시작했는데 속 마음에 든 멍울은 쓸어버릴 수가 없었다. 눈조차 뜨지 못하는 엄마를 입원실도 아닌 병원 계산대 앞에 내팽개진 채로 두었다는 것은 시누이인 나를 의식해서 마지못해 병원 문안에 데려다 논 그 여자의 핑계였다고 생각된다. 하나를 알면 열개를 알 수 있을것 같다.

그 순간만은 그 여자도 나와 같이 똑같은 마음일거라고 생각했다. 두손가락으로 엄마 눈에 탱자를 해서 "엄마, 엄마" 하고 얼굴을 두드리면서 큰 소리로 부르면서 울기도 하고 발버둥을 치고 했지만 아무 반응이 없자 그 여자가 싫어하는 기색을 모르는 나는 부산에 있는 큰 병원에다 급하게 전화까지 걸었다. 끝간데 없이 우리를 지켜온 엄마의 희생을 생각하면 살아 돌아오지 못할 것 같은 삶과 죽음의 순간은 설움이 터져 버릴 것 같이 나의 마음을 주체할 수가 없었다. 그 이후 엄마는 하루하루 편안하게 나아가는듯 평생 쌓인 순간순간의 이야기를 후회스럽게 하더니 영양실조가된 꽃 화분에 거름을 쏟아 붓듯이 거의 한달 동안만 우리 곁에 있더니 혼자서 이 세상을 황망히 떠나 버렸다.

비가 올것 같지 않은 어설픈 하늘에는 엄마의 설음을 대신 하는양 가느다란 빗줄기가 산언덕을 한스럽게 스치고 지나갔다. 한집에서 밥 먹고 자식 키우면서 사십 년이 넘도록 엄마와 함께 살던 그 여자의 어설픈 통곡소리도 엄마가 땅 아래 묻히고 저녁해가 산위에 내려앉자 서럽게도 조용해졌다. 도마 위에 오른 찌느르미 소리마냥 남동생을 볶아대던 그 여자의 탈바가지도 한참동안 서러움이 쌓인 내 가슴 속에 솟아 올랐다가 내려앉았다.

엄마는 팔십이 넘었어도 육십 대같이 활동적이었고 둥글둥글한 성격때문인지 나이가 들어도 곁에 친구들이 많았다. 가끔씩 적십자 모임에 나가면서 외로운 노인에게 짝지워 주어야 한다던 엄마는 항상 다정하고 긍정적이었다. 유모스러움과 포용성있는 성격은 며느리에게 집과 가게를 물러 줄때까지 곱게 한복을 차려입고 꽃신을 신고 칠십이 넘도록 비단가게에 앉아 친구들을 만나고 재산도 많이 모았다. 엄마 덕분에 엄마의 며느리는 생활비는 물론 자식 교육비까지 아무 어려움을 모르고 사십년 동안 부잣집 큰며느리로 떵떵대며 살았다.

엄마가 만든 삼베 치마 저고리에 삼베 두건까지쓰고 삼베로 감아놓은 작대기까지 딛고다니면서 수백 사람이 우는 소리보다 더 큰 목소리로 눈물을 흘리고 있는 두 마음을 가진 그 여자는 울지않는 나를 보고 욕했을까? 눈물이 나오지 않았다.
그 여자의 불효를 방관하면서 어느 때가 되면 자신도 엄마와 같이 될 삶의 순환도 잊어버리고 살아가고 있는 남동생도 왠지 마음을 아프게 한다. 혼자만이 울어야 했던 그때의 나는 더 이상 엄마의 큰며느리가 가족이라는 통념을 벗어 버리고 그 여자를 모르던 시절로 되돌아갔다. 그 여자와 지금도 같이 살고 있는 속없는 남동생도 그 이후로는 서러움의 앙갚음을 달래고 싶기도 해서 엄마가 없는 십여년 동안 만나지 않고 살아가고있다. 어쩜 이것은 나를 낳아서 길러준 엄마에 대한 당연한 도리이며 예의라고 생각하고 싶어서이다.

자신이 낫게 되면 우리 집에 올라와서 한참동안 나하고 같이 지낼 것이라고 하던 엄마생각이 난다. 잠깐잠깐 왔다가 서운하게 가는 엄마의 뒷모습을 항상 아쉬워 했던 딸의 마음을 알아차렸는지 아니면 딸집에 다시는 못 갈지도 모른다는 엄마의 예지가 숨어있었는지 그렇게 말한 엄마는 지금도 꿈속에서 약속을 지키고싶어 가끔씩 나를 찾아온다.

그때 있었던 황당한 일은 나의 슬픔이면서 내 가족의 슬픔이기도하여 남에게 들어내 놓고 이야기 할 수 없는 아쉬움을 가지고 있다.

2011.10

연인 19×23.7cm oil on canvas

바다 내음

바다 72.7×91cm oil on canvas

며칠 전 아는 사람을 만나기 위해 작은 어촌에 차를 세웠다. 갑자기 코끝에서 쏴하고 파도소리와 함께 다가오는 이 냄새는 60 년 만에 처음으로 맡아보는 바다 내음이었다.

이 냄새는 내 고향의 냄새이기도 하고 외할머니의 냄새이기도 했다. 욕심이 어울리지 않는 간난아이의 냄새이면서 엄마의 냄새이기도 했다.

바다 내음과 갯 내음은 갯가에서 오랫동안 살아보지 않고는 도저히 구별하기가 힘든 냄새이기도 하다. 똑같이 바다에서만 맡아보는 냄새이기 때문이다.

바다 물밑에서 비집고 올라오는 물 냄새보다 땅 냄새가 더 진하게 느껴질 때 보통사람들이 말하는 갯 내음이다. 바다 내음은 바위 곁에서 알알이 붙어있는 굴따게비와 조개껍데기 속에서 살아가고 있는 패충류와 바다채소들이 바닷바람과 합쳐져서 토해내는 청정 해역의 냄새이다.

물결이 움직일 때마다 어울렁 어울렁 춤을 추던 파래와 톳나물의 음이온이랄까? 비릿하지도 짜지도 않으면서 향긋하고 상쾌해서 갯사람들에게 쉬지 않고 일하게 만드는 마술을 가진 냄새이기도 했다.

끝없이 넓고 푸른 바다는 내 마음을 항상 따뜻하게 하고 포근하게 감싸주는 것 같다. 작은 어촌 마을에는 몇 채의 집이 있었지만 날씨가 추워서 그런지 한 사람도 보이지 않고 작은 소나무들이 바람에 한들거리고 있었다.

하늘과 땅이 일직선으로 맞닿은 수평선 너머에는 고기를 잡은 작은 배들이 산동네에 서 있는 나를 향해 서서히 다가오고 있었다.

수평선과 바다는 쏜살같이 거제도 외갓집에 나를 데려가고 있었다. 단발머리 아이는 끈 달린 검은 구두를 신고 아버지가 공들여 짜준 원피스를 입고 할머니의 보물창고에서 한참 동안 놀고 있었다.

그 보물창고는 며느리인 외숙모도 할머니의 허락 없이는 마음대로 들어갈 수 없는 할머니만의 광이었다. 짚으로 이은 지붕 아래에는 돌담으로 벽을 만들었기 때문에 여름에 냉장고가 소용없었다. 그 속에는 밤, 대추, 곶감, 조청, 인절미까지 내가 좋아하는 것들은 다 그 속에 있었다. 할머니의 금고이면서 프라이버시였다.

할머니는 외갓집에서는 제일 나이가 많은 어른이었고 그 집을 호령하는 여왕이었다. 할머니가 하는 일이면 다 옳은 일이었다. 설탕에 절여둔 토마토와 화롯불에 구운 인절미, 벌꿀보다 더 달콤한 조청은 할머니가 만든 것이었다.
할머니는 나만 제일 좋아하는 것 같았다. 우리 집에서 쉽게 먹지 못하는 것을 외갓집에만 가면 다 먹을 수 있었다.

마당에 쫓아다니던 암탉도 알을 낳았고 오리는 개울물에 날개를 털면서 목욕을 하였다. 비틀비틀 흔드는 오리 궁뎅이는 나를 반기는 것 같았고 해바라기가 되는 것 같았다.

산이 병풍처럼 둘러 쌓인 외할머니 집은 오십 가구가 채 안 되는 작은 농촌 마을이었다. 싸리 대문 앞에는 하루 한번씩 버스가 지나가는 신작로가 있고 오른 쪽 담 아래는 작은 시냇물이 밤이 새는 줄 모르게 흐르고 있었다. 밤에는 개구리와 두꺼비가 뛰놀면서 새끼를 낳고 뒷동산에 먼동이 붉으레 밝아지면 동네 아낙네들이 맑은 물을 기르러 나들이를 한다.

할머니 집 앞바다는 언제나 호수같이 조용하였다. 청둥오리 떼들이 바다물살에 밀려 둥실둥실 떠내려가는 모습이 보이고 참새 떼들은 벌레를 잡기 위해 떼지어 날아갔다가 또 다시 찾아오는 곳이었기도 하였다.

점심 때가 가까워오면 마산에서 손님을 실어 나르는 여객선이 작은 점으로 나타난다. 선채가 보이기 시작하고 손을 흔드는 사람들의 모습이 보인다. 하늘을 진동하는 여객선의 큰 고함소리는 정오를 알리는 자연의 신호였다.

자연으로 터득한 농촌사람들의 지혜는 깃털구름만 보아도 밤에 비가 내린다는 느낌을 알았으며 바깥에 둔 곡식을 거둬들이는 요령도 알았다.

하늘이 시커멓게 변하면서 샛바람이 불고 나뭇가지들이 몹시 흔들리면 조용하던 바다가 큰고래 같은 파도로 출렁거렸다. 산 가장자리에는 바닷물이 하얀 꽃 치마를 폈다 오므렸다 하면서 춤을 추기도 하였다. 바위에 부딪치는 흰 거품이 유난히 높게 솟는 날이면 정오를 알리는 뱃고동 소리는 들어볼 수 없는 날이기도 했다.

조용한 어느 날 내 손목을 잡은 할머니는 마당에 놓여있는 평상 위로 나를 데리고 갔다. 땅거미가 외갓집을 덮어버렸고 눈이 부시던 한나절의 해는 저녁 바다에 가라앉았다. 작은 별들과 초승달을 쳐다보면서 할머니는 내가 아주 어렸을 때 이야기에 꽃을 피운다.

마당에 놀던 강아지도 평상 밑에 잠이 들고 알을 품던 닭들도 다 잠이 들었다.

파란 담쟁이 잎 사이로 얼굴을 내민 박꽃은 아직 잠이 들지 않은채 별빛을 따라 움직이고 있었다. 꿈과 그리움을 담고 있는 바다 내음처럼 ...

2011. 03. 15

친구 33×45.5cm oil on canvas

희 야

어릴 때 나를 좋아했던 희야라는 친구가 있었다. 희야의 엄마는 꽃다운 나이인 이십 대에 남편을 잃고 어린 희야를 남편 겸 자식 겸 금지옥엽 키우면서 비단가게를 하는 우리 집에서 삯바느질을 하면서 살았다. 희야는 나보다 한 살이 많고 한 학년이 높았다.

어느 가을 몇 시간의 비바람은 가로수의 은행잎들을 다 떨어뜨리고 앙상한 가지만 드러내 놓고 겨울맞이를 하고있을 때 나를 보고 싶어 찾아온 희야에게 다시는 보지않을 것처럼 이젠 그만 만나자면서 집 대문 앞에서 그냥 돌려 보내고 말았다.

가을바람이 부는 오늘 같은 날이었을까 벌써 3년이나 되었다. 잊어버릴 것 같은 희야가 어쩐지 해가 가면 갈수록 해바라기처럼 나를 따르던 모습이 떠올라 마음이 아파진다. 집에 들어오지 못하고 그냥 되돌아간 희야의 아픈 마음과 차갑게 굴었던 나의 모습이 뒤범벅이 되어 더욱 마음을 무겁게 했다. 가을이 되면 겨울이 오는 것이 싫다던 그녀가 어떻게 살고 있는지 왠지 애잔하게 보고 싶어졌다. 아무 조건과 이유 없이 나에게 잘해 주었던 희야를 다시는 만나지도 말자고 다짐을 한 자신이 옹졸하기 그지없었다. 갑자기 내가 못나 보이면서 친구에게 잘못했다는 생각이 마음을 무겁게 했다.

갓난아이였을 때 아버지를 잃은 무남독녀인 희야는 아버지가 있는 아이들보다 항상 명랑했으며 꾀꼬리같이 노래를 잘 불렀다. 지금 가만히 생각하면 오십 년대 그녀가 음악대학에 갔더라면 지금쯤 유명한 소프라노 교수가 분명 되어있을지도 모른다는 생각이 들어 안타까울 때가 있다. 6 · 25전쟁이 갓 지난 그때는 우리나라가 외국의 원조를 받아 살아가던 가난하던 시절 탓도 있었지만 아버지까지 없는 그녀에게는 엄마의 삯바느질로는 도저히 음악대학에 들어갈 꿈을 꿀 수가 없었다.

희야가 고등학교를 졸업하자마자 쪼들리던 생활비 때문에 잘된 일인지는 모르지만 희야가 노래를 잘 부른다는 소문이 마산에 퍼지는 통에 높은 사람이 들락거리는 어떤 큰 요정에서 노래청탁을 받고 술 손님에게 노래를 부르게 되는 아르바

이트의 기회가 왔다. 엄마와 둘이서 누구의 도움 없이 힘들게 살고 있던 희야는 이렇게 해서 어린 나이에 돈 버는 방법과 살아가는 요령을 대책 없이 터득한 셈이었다. 다른 직업보다 안이하게 돈 버는 생활에서 빠져 나오지 못한 희야는 날이 갈수록 그 생활에 익어갔고 30 대에 가서는 요정을 가진 유명주인이 되었다. 술집을 가까이 하던 돈 많은 한량들은 서구적인 외모와 가곡을 잘 부르던 그녀를 모르는 사람이 없을 정도로 유명해졌으며 그 당시에 고등학교라는 높은 학벌은 요정을 하는 주인에게는 처음 있는 일이라서 더욱 인기가 치솟았다. 어느 날 일류 미장원에서 세련된 머리를 하고 향수 냄새 나는 화장에 잠자리 날개와 같은 옷을 입은 희야는 좋은 집도 사고 수십 명의 시녀 같은 아가씨를 거느린 요정의 여왕이 되어 있었다. 아무렇게나 편한 옷을 입고 쫓기다시피 신문사에 출근하는 나와는 정반대의 모습이었지만 그녀와 나는 일주일이 멀다 하고 만나면서 서로의 이야기를 주고 받으면서 회포를 풀었다. 한 개를 주면 두 개보다 더 나누어 주고 싶어했던 그녀의 다정한 마음은 엄마에게 물려받은 사랑 그대로 나에게 물려 주었다. 아껴주고 보호해주는 방법이 원초적이라는 것을 빼고는 나무랄 데 없는 다정다감한 친구였다.

그러나 그녀의 다혈질의 성격은 때로는 두렵기도 하면서 언짢을 때가 많았다. 힘든 일이 생겨도 그녀에게는 이야기할 수가 없었다. 쉽게 풀어나갈 일도 요정에서 항상 쓰던 거친 욕이 상대방에게 튀는 버릇 때문에 일이 더 꼬여질 때가 많았다. 심지어는 시집식구나 남편을 찾아온 어려운 손님들 앞에서까지 마산의 인기 있는 요정의 주인이었다는 것을 때와 장소를 가리지 않고 자랑 삼아 이야기할 때는 쥐구멍에라도 들어가고 싶은 심정으로 부끄러웠고 희야가 너무나 미웠다.

쓸데없는 이야기를 하지 말라고 남이 보지 않는 틈을 타서 눈짓을 하고 꼬집기도 하고 몰래 발을 차기도 했지만 들으려고는 하지도 않고 "그럼 안그랬단 말이가?" 하고는 누가 보란 듯이 화를 냈기 때문에 손님들이 있는 자리에서는 고개까지 숙이고 눈치를 봐가면서 참을 때가 많았다. 그런 희야의 18번을 이젠 들을 때마다 인내를 가져야했고 왜 나만 못난 친구를 가지고 있는지 희야가 싫어지기까지 되었다.

그렇다고 어릴 때부터 같이 자란 오랜 친구를 문전박대까지 해야 할 이유가 없었는데 왜 그렇게 했는지 지금 생각하면 내 자신이 너무나 못나 보였다. 굳이 그러지 않아도 될 것을 하루 앞을 못 내다보는 자신이 바보스럽기 짝이 없었다.

갑자기 못난 내 모습이 미워지면서 미안한 마음이 가슴을 짓눌리기 시작해서 그녀 집으로 향하는 버스를 삼 년 만에 자존심 없이 타버렸다. 다시는 만나지 않을 것처럼 집 앞에서 돌려보낸 친구가 나와 똑같이 되돌림을 한다 해도 그때의 잘못을 사과하고 싶은 마음이었다. 희야의 집까지는 제법 먼 거리인데도 그녀와 둘이서 보낸 지나간 많은 시간들의 되새김 덕분에 금방 친구동네에 도착한 것 같은 느낌이었다.

친구의 아파트가 몇 층 몇 호인지 알 수가 없었다. 행여 친구가 보이지않나 김포의 작은 임대아파트 앞에 서서 주위를 염치없이 두리번거려 보았다. 전화를 걸어야 하나 말아야 하나 전화를 하기에도 정말 부끄러웠다. 도저히 희야를 찾을 수가 없었다. 이사를 갔는지 전화번호가 바뀌었는지 몸은 아픈지 몇 년 만에 찾아온 친구의 집 앞에서 서성거리고 있는 자신이 비겁하고 못나 보였다. 그때 그러지 말아야 할 것을 선과 후의 바뀜이 이렇게 힘든 일인지 정말 몰랐다.

그러나 용기를 내어서 전화번호를 힘들게 눌렀다. 희야 앞에서는 웬일인지 큰소리만 쳤던 내가 이렇게 기어들어가는 작은 목소리로 전화를 할 줄은 꿈에도 몰랐다. “나아.. 집 앞이야.”

희야는 12층에서 살고 있단다. 한 달 전에 수술을 했다고 한다. 아픈 다리를 질질 끌고 급히 내려와서는 나에게 이렇게 말했다.

“나는 니 전화만 받으면 와 간이 다 녹아 내리는지 몰라, 미운 거는 하나도 없고 그냥 좋은거 있제. 배 안고프나 집에

희망사항 50×45cm oil on canvas

빨리 들어가자" 하고는 내 두 손을 꼭 잡았다.

친구와 둘이 누우면 꽉 차는 친구의 집 작은 방바닥에 어릴 때와 같이 등허리를 땅에 대고 딱 붙어 누웠다. 엄마를 잃은 두 여자 중 무남독녀인 희야가 더 엄마가 보고 싶을 텐데 희야는 반백이 된 나에게 "엄마 보고 싶제!" 한다. 잠잠한 체하고 있는 두 여자는 똑같이 어릴 때로 돌아갔다.

밤새도록 친구와 둘이서 이야기 하면서도 아침까지 잘못했다는 쉬운 말 한 마디도 희야에게 전하지 못하고 기껏 "우리 둘이는 죽을 때까지 떨어질 수 없는 친구제" 하고는 희야의 손만 꼭 잡아보고는 눈물만 글썽거렸다.

2009.11

둘째 딸의 변화

딸 65×91cm oil on canvas

햇볕이 쨍쨍하게 비치는 초여름이다. 오랜간만에 딸아이들과 쇼핑을 나섰다. 부식과 필요한 것들을 사러 가는 의미도 있었지만 세 사람이 같이 갈 수 있는 기회가 잘 맞지 않아 쇼핑가는 기회가 없었는데 오늘은 6개월 만에 세 사람의 나들이가 된 셈이다.

토요일이라서 그런지 평소 때 같으면 30분이면 충분히 가는 거리가 2시간 반도 더 걸렸다. 지루하게 느껴질 시간이었지만 의과대학 연구실에 있는 둘째 딸아이의 연구실 이야기에 웃음을 참지 못하느라 언제 왔는지 그곳에 도착했다. 그 이야기는 재미있고 황당하기도 하였지만 둘째 딸아이의 거지 같은 모습을 바꿀 수 있는 큰 스승을 만났다는 데서 나의 기쁨을 더욱 가중시켜 주는 것 같아 기뻤다.

나는 내 딸들 만큼은 최소한 다른 집 딸보다는 더 예쁜 모습으로 학교 다녀주었으면 하고 무척 바라고 원하기도 하였다. 그러나 첫째 딸 아이와는 달리 둘째는 내 마음을 조금도 이해하지 못하고 항상 나의 마음을 어둡게 했다. 손에 잡히는 대로 입고 다니는 구질구질한 옷차림과 잘 씻지도 않는 얼굴에 겨울이면 딱지가 앉고 제대로 머리를 감지 않아 나를 슬프게 하였다. 자신에게는 무관심하면서 공부만 하는 그 아이가 밉기도 하였다.

공부 잘하는 딸보다 예쁜 딸이 되는 것을 십여 년도 넘게 강조하고 살았는데도 어느 날은 자신이 편하다는 이유만으로 많은 사람이 쳐다보고 있는 결혼식장까지 슬리퍼를 신고 와서 황당하기까지 만든 적이 있었다. 그 뒤로는 예쁘게 만들려던 나의 집념은 가르쳐도 되지 않는 딸이라고 생각하면서 내 생각을 포기해 버리기로 작정했었다. 신경전을 벌이면서까지 내 자신을 괴롭히기가 싫었다. 정신건강상 피곤하니 제발 내 곁에 자주 오지 말라고 선전포고까지 하고는 자기 마음대로 살든지 혼자 살든지 하고 마음을 편하게 생각하기로 작정을 했다.

그런데 오늘 둘째는 연구실 이야기를 이렇게 이야기했다. "엄마, 우리 연구실에 방글라데시, 베트남, 인도에서 온 외국인 박사가 세 사람이 있는데, 그 사람들은 다 이상한 냄새를 풍겨서 살수가 없어. 방글라데시 박사가 문만 살짝 열고 들어와도 60평도 넘는 연구실에 바람이 부는 것처럼 이상한 암냄새 때문에 숨을 쉴 수가 없고 발가락 사이마다 때가 낀 베트남 박사는 슬리퍼를 신었는데 지독한 발냄새 때문에 죽을 맛이야. 인도 박사는 더한 것 있지? 코를 수시로 후비는데 아예 코 후비기 위해 새끼 손가락에 붙어있는 손톱을 길게 만들어 놓았는데 그 손톱에 붙어있는 때 때문에 손톱이 새까맣게 변해 있어. 도저히 같은 자리에서는 밥을 먹을 수도 없어. 토할 것 같아서."

"연구실에 있는 해골바가지 속에 든 세포냄새, 약 냄새도 지독한데 방글라데시 박사의 암냄새, 베트남 박사의 추한 발 냄새와 손톱냄새까지 나를 슬프게 하는 것 있지. 엄마, 한번 생각해봐. 기가 막히지."

"그러면 다른 사람들은 어떻게 하고 연구하는데?" 하

부러움 131×162.5cm oil on canvas

고 나는 반문했다.

"할 수 없지 뭐. 그 사람들의 자존심을 건드릴 수는 없고 방향제만 늘어가는 거지. 처음에는 코와 입을 막는 마스크만 사용했는데 답답하기도 해서 돈이 덜 드는 몇 자루의 커피 찌꺼기를 동원해서 책상 위에 올려놓기도 하였지만 그 냄새를 없애기에는 역부족이야. 이젠 책상 위에도 천장에도 몇 군데의 못을 쳐서 한 사람에 몇 개씩 방향제를 주렁주렁 호박같이 달아놓았는데 방향제 값이 한 달에 3만원이나 들어가는 거야. 한끼 밥 사먹는 데는 2천원 밖에 들지 않는데."

"이번 여름은 정말 걱정이다. 더운 여름을 걱정하고 살았던 작년이 훨씬 행복했던 것 같아. 선풍기나 에어컨 바람에 퍼지는 이번 여름의 그 악취들을 어떻게 감당해야 할지 모르겠어." 나는 그렇게 말하는 딸을 쳐다보면서 그 냄새 나는 외국 박사에 비하면 훨씬 깨끗하던 둘째 딸에게 미적 감각까지 요구했던 나의 욕심이 갑자기 부끄럽게 느껴졌다.

그런데 둘째는 또 이렇게 말했다. "엄마, 공부 잘하고 박사면 뭐하냐? 저렇게 더럽고 추한데. 난 앞으로 절대로 슬리퍼 신고 다니지 않을 거야. 베트남 박사 보면서 느꼈어."

십 년도 넘게 가르치면서도 달성되지 않았던 둘째 아이에 대한 나의 미적 요구가 시간이 없어 씻지 못했던 세 사람의 외국 박사에 의해 변신된다는 것을 느끼면서 한없이 기뻤다. "엄마, 오늘은 엄마와 같이 쇼핑 나온 김에 미장원에도 가서 언니같이 예쁘게 머리도 자르고 운동화 대신 구두도 신고 티셔츠 대신 블라우스도 사서 입고 그리고 내일부터는 학교에 갈 때 얼굴에 로션도 바를 꺼야."

무희 24×33cm oil on canvas

그 다음 날 아침 몸에 꼭 맞는 회색 바지에 줄무늬가 있는 블라우스를 입고 반짝거리는 구두를 얌전히 신고 나가는 멋진 내 둘째 딸을 보면서, 내 엄마가 자주 하던 말이 생각나기도 했다.

밥이 아무리 잘되어도 뜸이 들아야 먹는다고. 내 둘째는 인제 뜸이 들았나?

결국 둘째는 얼마전에 힘든 의학박사 학위를 받고야 말았다.

2010. 05. 30

부러움 38×45cm oil on canvas

바람

아침 저녁이 되면 쌀쌀한 기운이 든다. 왠지 쓸쓸하고 마음 한 구석이 빈 것 같아 내 자신을 되돌아 본다. 흰 뭉게구름은 높은 하늘 가운데 둥실둥실 떠다니고 있다 봄이 오는가 하면 여름이 오고 가을이 가는가 하면 겨울이 온다. 다투어 피었던 봄 꽃이 지는 듯 하면 어느 새 백일홍이 피고 가을 국화꽃이 열리기 시작하면 겨울 눈꽃은 세상의 모든 티끌을 다 덮어 버리고 하얗게 변한다. 계절은 변함없이 왔다가 어김없이 간다.

어쩜 세상에 존재하는 모든 것은 한창때가 있고 뽐내는 계절이 있는지도 모른다. 엊그제까지만 해도 몇 날 며칠 밭에 풀을 뽑고 삽질을 하며 씨를 뿌려도 피곤한 줄 몰랐다. 어느 때부터인가 아침에 일어나면 조금 더 누웠다가 일어나고픈 게으름이 생기고 경우 없이 이야기하는 사람을 피하고 싶은 비겁함이 도사린다. 한창 때가 지나간 때문일까 내 주위에 가까이 있는 사람들에게 함부로 말하지 않았는지, 예의 없이 행동하여 상처를 주지 않았는지 다시 되돌아 보게 된다. 다른 사람들의 아픈 마음을 어루만져주지 못하고 잘못만 나무라기만 했는지 이제라도 벗어 던지고 훨훨 날아가는 나비가 되는 연습을 해야겠다. 어디만큼 와서 어디에 서 있는지를 지금까지 까맣게 잊고 살아왔는데 더 많이 작아지고 낮아지는 의미를 이제 와서 새롭게 느끼게 된다. 늦은 감이 있을지 모르지만 어려운 일을 순리대로 풀어 사는 쉬운 사람이 되어야 되겠다.

세상의 이치를 알고 있는 자연을 보면 내가 어떻게 살아야 되겠다는 답을 가르쳐 주는것 같다. 하늘 속에 피어나는 뭉게구름과 철철이 피어나는 작은 꽃을 쳐다보고 있으면 아무 욕심 없는 그들을 닮을 생각을 한다. 변함없이 반복되는 생성과 소멸을 배우고 욕심 없는 아름다운 삶의 침입자가 되었으면 하고 바라고싶다. 먼 산아래 무지개가 반달을 그릴때면 행여 무지개가 없어질세라 끝없이 뛰던 엣날의 아이로 되돌아 가고싶다.

추운 겨울을 보낸 봄볕은 따뜻하고 포근하지만 차양으로 얼굴을 가리지 않으면 얼굴이 검게 타는것도 자연이 가르켜 준다. 폭풍이 창문을 두드릴 때는 바람이 잠잘 때까지 조용하게 기다리는 인내도 배우고 바람부는 어느 날은 모자를 써야만 머리카락이 흩날리지 않는 예의도 가끔 배운다. 천둥번개에 가슴조이지 말고 비가 그치면 조용한 아침이 되는 참을성을 가르켜주기도한다.

어느듯 가을이가고 겨울이와서 온동네에 겨울눈이 소복히 쌓이면 하얀 눈 위에 보고싶은 사람들의 동그란 얼굴을 백 번이고 이백 번이고 찍어보는 그리움이 담긴 동심이 되어 움같은 엄마얼굴일랑 겨울눈위에 한번쯤 더그릴줄아는 철모르던 아이가되면 얼마나 좋을까. 행여 세상의 물질들일랑 뇌성벽력을 동반한 천둥번개처럼 씨끄럽게 하지않고 얼굴을 가릴줄아는 봄별이 되었으면 하고 ..

오늘도 바람이 쌀쌀하고 파랗던 잎들이 빨간 낙엽이 되어 떨어지고있다. 되돌아가고 있는 자연의 순환을 보면서 까맣게 잊어버리고 살았던 나에게 많은 것을 가르쳐주고 있다.

2010.03

엄마와 아들 116.7×91cm oil on canvas

김영덕 대위

파란 군복을 멋지게 입고 길을 가는 육군을 쳐다보면 거의 사십 년 가까이 잊고 살았던 내 남동생의 죽음과 삶을 기로에 두고 가슴을 태우던 일이 눈 앞에 펼쳐지면서 김영덕 대위가 눈앞을 스치고 지나간다.

서울에서 대학을 다니던 도중에 삼십구사단에서 훈련을 받고 최후방인 진해 육군대학에 배치를 받은 둘째 남동생이 난데없이 열세번이라는 상습 탈영병의 죄목으로 부산에 있는 군수기지 사령부에서 철창생활을 하고 있을 무렵이었다.

그 대위는 그곳에서 네번째의 높은 지위를 가진 동생의 담당 과장이었으며 죄인인 동생과 동생의 죄를 심판하는 판사의 관계로 만난 군인이었다. 추석을 며칠 앞둔 맑은 날이었다고 기억된다. 동생의 삶과 죽음이 보름 안에 그의 손 안에 매달려 있는 절박한 하루들이었다. 나는 동생을 살리기 위해 이곳저곳 바쁘게 동분서주하는 날이 많았으나 어떠한 묘안도 나오지 않고 급기야는 동생의 목숨을 손 안에 쥐고있는 담당 과장을 만나야 해답이 나올 것 같아서 굳은 결심을 하고 부산 군수기지 사령부에 그 대위를 찾아갔던 일이 생각난다.

그곳에 있는 사람들은 어딘지 모르게 무섭고 못나 보일것 같았던 나의 생각과는 다르게 그 대위는 귀티가나고 키가 크면서 훤칠한 모습의 멋진 군인이었다. 아마 대학을 다닐 때 ROTC 로 소위의 계급을 달고 대위까지 올라온 군인이 아니었나하고 생각이든다. 그 대위도 나와 비슷한 삼십 전후의 꽃띠 나이였는데 동생을 살려야 되겠다는 절박한 마음이 가득해서 그런지는 몰라도 유니폼 속에 감춰진 부드러운 눈동자도 왠지 똑바로 쳐다보고 이야기할 수가 없는 카리스마를 가지고 있었다.

죄인을 다루는 곳이라 그곳에 보이는 군인들마다 딱딱하고 굳은 표정을 짓고 있었는데 그 대위만은 뭔지 모르게 자연스럽고 인간미를 지닌 사람처럼 부드럽게 행동했다. 잘 어울리던 군복은 남성의 매력을 더욱 돋보이게 하였고 왠지 연민까지 담을 수 있는 멋진 군인인 것만은 사실이었다.

엄마, 아버지는 아들이 살아서 돌아온다는 어떤 희망이 없는한 우리집은 줄초상집으로 변했으며 체구가 작은 엄마는 다 키워놓은 아들이 어떻게 되는 것처럼 울다가 마당에 쓰러져 버리기도했다.

그 당시에는 월남전쟁이 치열했던 때였다. 사기를 북돋기 위해 청용부대나 맹호부대라는 용맹스러운 이름을 만들어서 우리나라 군인들을 월남전에 파견시키고 살아서 돌아오지 못하는 군인들을 위해 우리나라 국민들은 격려와 눈물을 흘리면서 진송하던 세상이 힘든 시절이었다.

국시를 반공으로 삼고 있는 부산 군수기지 사령부에서 보면 내 동생의 죄는 중벌을 주어야 마땅하다는 입장이었다. 전방이나 월남전쟁도 아닌 최후방에서 13번이나 탈영했다는 것은 도저히 납득이 가지 않는다는 것이며 군인의 올바른 자세를 위해서도 일벌백계를 하겠다는 것이다. 나는 할말이 없고 어떤 말을 한다해도 납득이 갈 수가 없는 일이었다.

6 · 25전쟁을 모르는 마산에서 지금까지 살았기 때문에 군대생활을 모른다고 이야기 할 수도 없고 우리 집 안에서는 동생만이 처음으로 군대에 갔기 때문에 군의 법이 어떤 것인지 몰랐다고 말할 수도 없었다. 부대가 한 동네같이 가까워서 우리 집에서 엄마와 함께 열세번이나 밤을 지냈다고 이야기 할 수도 없었다. 13번의 외박이 이렇게 무서운 상습 탈영병이라는 죄목이 될 줄 알았으면 가족들도 집에서 재우지 않고 떠밀어서 부대에 보내었을 텐데 기가 막힌다고 말하고 싶어도 나는 눈물이 가려 더 말할 수도 없었다.

담당이던 대위는 안타까운 동생을 쳐다보면서 울먹이고 있는 나를 쳐다 보더니 친 누이가 맞느냐고 몇 번씩이나 물어보았다. 누이는 큰 죄를 지은 친동생하고는 뭔가 느낌이 다르게 보이는지 감방에서 잠깐 동안 데리고 나온 내 동생에게 라이터에 불을 붙이더니 담배 한 개비를 건네주었다. 죄인이 되어 푸른 죄수복을 입고 나온 동생은 진짜 죄인같이 기가 죽어 아무 말이 없었지만 무척이나 피우고 싶었던 담배 한 모금은 온 세상을 가진 것처럼 동생을 밝게 만들었다.

나와 동생은 가끔씩 서로 눈이 마주쳤지만 내 마음 속에 숨어있는 말을 조금도 할 수가 없었다. 그 어두침침하고 어울리지 않은 죄수복이 나는 싫었고 동생도 어쩜 나보다도 훨씬 싫었는지도 몰랐다.

평소에는 명랑하던 동생이 그 옷 때문인지 꿈을 잃은 모습으로 변해가고 먼 곳만 쳐다보고 있었다. 나역시 동생에게 잘못 대해준 마음과 불쌍한 생각이 깊어져서 더 말을 잃었는지도 몰랐다. 그 순간만이라도 원하던 담배 한 모금에 행복해 하던 동생을 보면서 남이 원하고 있는 것을 찾아서 배려해 주는 대위에게 군인이기 이전에 자연스런 인간으로서의 인간미를 느껴보았다. 내가 할 수 없었던 일이었지만 내 동생의 기쁜 마음은 나의 기쁨이 되기도했다.

부산 서면 근처에 있는 그곳에서 동생을 만나고 무거운 발걸음으로 집으로 오던 길이었는데 달빛은 그날따라 왜 그렇게 내앞을 밝게 비추어 주는지 몰랐다. 그때 내 동생과 나를 순간순간 말없이 간파하면서 생각을 내보이던 대위는 내 동생의 거짓 없는 마음을 알아차렸는지 다시는 제 자리에 못 돌아올 것 같았던 죄수생활에서 진해 육군대학의 일등병으로 금의환향 하는 것처럼 돌아오게 되었다. 동생을 향한 진실된 나의 마음은 대위의 생각을 바꾸게 했는지도 모른다.

죄수생활에서 군인 본래의 제 자리에 돌아오는 행운아인 동생은 다른 군인들에게 의구심과 오해도 받았지만 하늘에 높이 비추던 밝은 보름달과 별들은 내가 동생을 만나고 나오던 날 미리 내 동생의 출감을 예측했던 것 같이 유난히도 반짝거리는 것을 보았다.

세상을 모르던 아들을 군에 보내놓고 밤잠을 설치던 엄마생각이 난다. 이젠 엄마가 왜 밤잠을 설쳤는지 지금은 조금 알 것 같다. 세월은 스쳐지나가는 바람처럼 수십년이나 지나갔는데도 스물두살밖에 안 된 그때의 동생을 말 한마디도 없이 마음 하나로 살려준 멋진 대위를 지금까지 잊어 버릴수가 없다. 철이 없었던 내 동생도 나와 같이 생명의 은인이던 그 대위를 분명 잊어버리지 못하고 있을 거라고 생각한다.

2012.04

겨울 이야기

눈 41×53cm oil on canvas

어제도 눈이 내리더니 오늘도 또 하얀 눈이 내린다. 창문을 열고 바깥을 내다보았다. 작은 눈가루들이 비바람에 떨어지는 가을낙엽처럼 하얗게 흩날리면서 땅에 떨어지고 있다. 우중충한 건물도, 내 집을 가로막고 서있는 고래 같은 큰 산도, 항아리처럼 움푹 패인 구릉도 다 하얀 눈으로 감춰졌다. 문틈 사이로 흩날리는 솜 같은 하얀 눈은 언제나 먼 옛날의 소녀를 만들어주고 그 속에서 놀던 어릴 때 이야기를 되새겨 주는 마술을 가지고 있다.

무참하던 6 · 25전쟁이 지나고 한 삼년 가까이 지난 초등학교 육학년쯤 되었을 때 어두운 전쟁의 슬픔을 씻어 버리기도 하는 듯 하얀 눈이 두뼘도 더 쌓이던 날이 있었다. 남쪽 마산에서는 이렇게 눈이 많이 내린 것은 백년 만에 처음이라고 말했다. 빨리 걸어 갈수록 철 필통 속에서 어젯밤 늦게까지 깍아논 연필심이 부러지는 딸랑거리는 소리가 불안했지만 정강이까지 올라온 하얀 눈 위에 까만 고무신이 푹푹 빠지면서 찍힌 오이 같은 나의 발자국이 신기하기 짝이 없었다. 평소에는 학교에 가는 길이 멀기만 느껴졌는데 그날은 멀지도 않고 발이 시리기는커녕 신이 나서 기분이 좋았다. 학교에 도착하니 교실 천장까지 희뿌연 연기를 뿜어대는 따뜻한 무쇠난로 굴뚝 곁에서 겨울이야기에 함박 웃음을 웃는 친구들이 오글오글 둘러 앉아 있었다. 눈 속에서 분홍꽃같이 얼어버린 발가락과 추워서 떨던 빨간 꼬막손도 교실

한가운데 피워논 난로불 앞에서는 꼼짝없이 노골노골 녹아내렸다. 난로위에 포개놓은 수십개의 양은 도시락까지도 누구의 반찬인지 보글보글 끓는 생된장 냄새 때문에 아직 점심시간이 되지 않았는데도 입에 침이 고였다.

우리 선생님의 얼굴은 동글납작한 남자선생님이었다. 김종호 선생님 이었는가 벌써 육십 년이나 되었다. 어른들이 보면 우직하리만큼 착실한 아버지 같은 선생님이었다. 턱걸이를 해서라도 공립 중학교에 들어가야 된다면서 일주일에 두세번씩이나 질릴 정도로 시험을 보았다. 백 점 만점에 80점만 넘어가도 우리들의 머리를 쓰다듬으면서 눈같이 하얀 종이 한 장을 우리반 친구들 앞에서 상장이라고 나누어 주었는데 이 종이가 많이 모이는 사람은 꼭 공립 중학교에 갈 수 있을 거라던 선생님의 말씀은 우리반 친구들에게 선의의 경쟁을 만들어 주었고 먼 훗날 우리가 살아가는데 필요한 자존심을 가르쳐 주었다. 종이 한 장을 밤새도록 찾아 헤매던 자랑스러웠던 하얀 종이의 추억은 지금까지도 잊어버릴 수 없는 초등학교시절을 되돌아 보게 만들고 있는지도 모른다.

신작로 왼편에 자리잡은 우리 학교 앞에는 엄마 품속같이 잔잔한 바다가 교실을 에워싸고 있었고 넓은 운동상 뒤에는 말잔등처럼 펑퍼짐한 용마산이 우리를 지켜주었다. 햇빛이 맑게 비추던 한여름날이 되면 우리는 바닷가에 나가 모래사장 위에 널려있는 조개껍데기를 줍고 바닷물에 맨발을 담구었으며 남자 아이들은 여울져 오는 물살따라 헤엄을 치면서 놀았다. 그때는 소낙비도 잦았던 것 같다. 소낙비가 갑자기 학교에서 집으로 되돌아가는 길을 막는다 할지라도 학교 옆에 있는 구릉논에 촛대같이 솟아 있는 연잎을 따면 멋진 우산이 될 거라고 생각했기 때문에 우산이 없어도 아무런 걱정을 하지 않았다.

가끔가끔 소달구지에 이삿짐을 싣고 그 뒤를 따라가는 몇 사람을 제하고는 대체로 한가하던 그 길에는 하루에 몇 대밖에 차가 다니지 않았다. 한번 차가 지나가면 돌멩이 길이던 신작로는 눈이 올것같은 뽀얀 안개처럼 하얀 먼지가 온 동네에 구름처럼 퍼부었다. 포도밭 윗집의 술 공장집 구옥이, 건너 골목길에 살가롭던 작은 경자, 대학까지 같이 갔던 의리있는 미자, 바닷가에 집이 있던 큰경자, 학교에 오고가는 신작로길은 우리들의 놀이 터였으며 만남의 광장이었다. 그리고 살가운 아버지를 가진 행자는 오동동 다리를 지나 큰신작로길 옆에 살고 있었는데 우리는 하루 종일 행자 방에 누워서 음악 선생님이 가르쳐주던 노래를 집이 떠나갈 듯이 큰소리로 부르고 깔깔 거려도 행자 아버지는 우리 아버지처럼 꾸지람도 하지 않고 웃고만 있었다. 지금도 노래 부르는 우리를 쳐다보면서 빙그레 웃고 있을 것 만 같은 행자 아버지의 순한 모습이 눈에 선하다.

잔잔한 작은 은빛 파도가 밀려왔다 밀려갔다. 우리가 뛰어 놀던 그 자리에는 국제 수지사업인 자유수출지역이 들어섰다. 어릴 때 꿈을 몰아왔던 보리논과 연밭은 흙으로 메꿔져서 빌딩동네가 되어 알아볼 수 없이 변해 버렸다. 그때에 나와 같이 조개껍질을 줍던 바다도, 누가 무엇을 하고 사는지 다 알고 있었던 오목한 작은 동네도, 다정스럽던 행자의 아버지도 어디를 갔는지 다 없어지고 말았다. 여름 밤이면 하늘에 반짝이는 별들과 달을 쳐다보면서 밥때가 되면 멍석 위에 깔아놓은 동그란 둘레상에 열명도 더 넘게 같이 밥 먹고 동네방네 이야기하며 살던 그때가 그리워진다. 그 마당 안에는 가족과 함께 뛰어놀던 닭도 있었고 오리도 있었다.

무지개를 잡을 것 같은 막연한 꿈이 있어서 좋아 보이던 어릴 때 친구와 놀던 이야기는 욕심이 없어서 더 가깝게 다가온다. 백년만에 눈이 많이 왔다던 그 날 재미난 웃음을 웃던 어릴 때 친구들이 보고 싶다. 운동장 끝이 어디쯤 있는지 모르고 뛰어 다니면서 새하얀 눈위에 자기 발자국을 남기고 싶어했던 친구들 지금은 무슨 흔적을 남기고 사는지 궁금하다.

눈이 내일 모래까지 올려나? 눈 오는 날이면 언제나 그러했듯이 오늘도 시공을 뛰어넘는 어릴 때 꿈을 가진 소녀가 되고 있다.

2013.06

휴계실 131×162.5cm oil on canvas

친구 현이

티벳의 악사 60.6×72.7cm oil on canvas

장맛비가 오락가락 하다가 오늘은 반짝 날이 개이고 하늘이 유난히 파랗다. 외출길에 택시를 탔더니 기사분이 깃털처럼 펼쳐져있는 하얀 구름을 가르키며, "저하늘 좀 쳐다 보세요" 한다. 왠지 감성적인 분 같아서 기분이 좋았다. 파란하늘에 흐르는 흰구름을 보니 어릴적 철모르는 동심으로 돌아가 그 시절을 함께 보냈던 남학생 친구 현이가 떠오른다.

오늘같이 장마가 계속되던 중에 모처럼 찾아온 맑은 여름날이었다. 오랜만에 밝은 햇빛이 퍼지니 누가 선동이라도 한듯 친한 친구 몇이서 교복을 입은 채 학교 뒷산으로 올라갔다. 대학 진학 시험공부에 바쁜 고 3학년이었지만 해방감에 들떠 친구들과 함께 노는것이 더 재미가 있고 한없이 즐겁기만 했다.

그때 한순간 맑았던 하늘에 갑자기 시커먼 먹구름떼가 몰려오더니 소나기를 퍼붓기 시작했다. 몸을 피할 오두막 한 채도 없는 허허벌판에서 놀기에만 정신이 없던 우리들은 당황하여 이리저리 피할 곳을 찾아 보았으나 들어갈만한 곳은 하나도 없었다. 마침 구멍뚫린 바위 두개가 엉성하게 붙어있는 곳을 발견했다. 겨우 한 사람이 쭈그리고 앉을 수밖에 없는 그 작은 공간에 현이가 급하게 뛰어 들어와서 엉거주춤 앉아있는 틈새로 억지로 끼어 들었다.

물에 젖어 메추리같이 붙은 단발머리에는 빗물이 흐르고 하얀 교복 윗도리는 몸에 착 달라붙어 까만 젖꼭지의 위치를 확인할 수 있었다. 현이가 나를 보는 마음도 그랬는지 모르겠지만 순간 친구인것을 잠깐 잊을 정도로 부끄러웠다. 우리는 한창 사춘기를 겪고 있는 열일곱, 열여덟살이었으니 현이도 그 순간은 나보다도 더 힘들어 했을것이다.

파이럿의 꿈을 키우며 공군 사관학교에 가겠다던 현이가 예상과는 달리 공과대학을 선택했다. 다른 남학생보다 키가 크고 준수한 외모에 쭉 뻗었던 현이가 왜 공과대학을 갔는지는 모르겠지만 늘 멋지던 그 체격에 내가 좋아하는 사관학교 유니폼을 입었더라면 훨씬 잘 어울릴거라고 상상하면 아쉬움이 컸다. 대학교 1, 2학년까지만 해도 일요일이나 공휴일이 되면 나의 하숙집에 종종 놀려와서 묵은 김치를 깐 고등어 조림에 김치가 더 맛있다며 밥을 맛있게 먹고 가기도 하고 서울에 있는 나에게 인천을 구경시켜 주겠다며 하루종일 버스를 타고 탑골공원을 돌아다니면서 놀기도했다.

대학 졸업반이 되어 현이는 군대에 가고 나는 다른 한 남자로 인한 여러 가지 문제때문에 꿈꾸어 오던 미국유학도 다 포기해버리고 힘들어 하다가 서른살이 넘은 노처녀가 되고 말았다. 그 후 지방에 내려가서 신문사의 여기자가 되어 좋아했던 그 남자를 거의 잊어가고 있을 때 십여년간 소식이 두절됐던 현이에게 난데없이 신문사에 있다는걸 알고 전화가 걸려왔다. 현이는 내 소식을 친구로부터 다듣고 알고 있었던것 같았다.

너무나 반가운 마음에 신년 연휴가 있던날, 새벽 4시에 서울역에서 만나자는 약속을 했다. 오후 5시에 기차를 타면 새벽 4시에 서울역에 도착하는 11시간의 긴 여정이었다. 밤잠을 한숨도 이루지 못했던 밤기차의 지루함 속에서도 어릴 때 내가 원하면 무엇이든 다 해주었던 현이의 따스한 모습이 빨리 보고싶어 사람들의 떠드는 소리나 판매원들의 소란스런 외침은 들리지도 않고 오직 참을 수 없이 설레는 마음만 가득했다.

기차가 서울역에 도착하자 기차 난간 앞에 나를 기다리고 서있는 현이는 옛날과 똑같이 하나도 변하지 않은 멋진 모습 그대로 서 있었다. 이심전심으로 현이도 어젯밤 통행금지 때문에 밤 12시에 서울역에 와서 새벽 4시까지 한잠도 자지 못하고 나와 똑같은 생각을 했던것 같다.

지방에 살고있는 나를 배려 했음인지 현이는 그 당시 서울의 인기있는 장소를 순회라도 하는양 내 손목을 잡고 아이같이 데리고 다녔다. 명동 본전 다방에 가서 서구풍의 분위기를 즐기며 커피를 마시기도 하고 대한극장에서 오랜만에 나란히 앉아 영화도 보았다. 어둠이 깔리던 저녁시간에는 조용한 음악이 흐르는 고급 레스토랑에서 스테이크와 꼬냑을 마시면서 그동안 쌓인 옛이야기에 시간 가는 줄 몰랐다.

사춘기 때 바위 속에 붙어 앉아 들뜬 마음을 주체하지 못하면서도 끝까지 친구이기를 고수하던 현이가 그날 저녁만은 하얀 얼굴에 불그스레 홍조를 띤 모습으로 나와 결혼하면 어떠냐고 어렵게 말하고는 나의 답을 기다렸다. 내 마음도 현이 마음과 같았지만 쉽게 대답을 못한 채 우린 헤어졌고 그날이 현이와 나의 마지막 만남이었다.

어언 사십 년의 하루들이 지나가 버렸다. 어릴 때 약속대로 끝까지 내 마음 속의 친구로 남아 있던 현이는 어쩌면 지금쯤은 멋진 로멘스 그레이로 변해 있으리라 생각된다. 고향을 가면 현이를 쉽게 찾을 수 있을거라고 주위의 친구들을 만나 수소문하여 보았지만 마산을 떠난 현이의 소식을 아는 사람은 아무도 없었다. 어느땐가 길을 가다가 현이와 비슷한 사람이 있어 부끄러움을 무릅쓰고 고향이 마산이며 이름이 손주현이냐고 말을 던졌는데 아니라고 말하며 웃기만 했다.

어제까지만 해도 장대비가 쏟아지더니 왠일인지 오늘은 어릴때 현이와 놀던 하늘같이 맑고 파랗다. 한번이라도 꼭 현이를 만나면 지난 날 못했던 대답을 이젠 해도 될 것 같다.

2011.08

티벳에서 50×65cm oil on canvas

사과밭 31.8×41cm oil on canvas

경복궁 뜰

오랜만에 친구와 둘이서 새로 옮긴 광화문을 지나서 경복궁에 들어갔다. 광화문은 경복궁의 정문이며 태조 3년에 완공된 문이다. 그전에 있던 위치에서 뒷쪽으로 옮기느라고 몇년이 걸렸는데 현재 옮긴 위치가 제 자리라고 한다. 수차례의 화재와 복구를 거쳐 임진왜란때 완전히 전소됨으로서 270 년동안 폐허상태로 지나다가 대원군에 의해 복원되었다. 복원된 문은 석축 기단에 홍예를 만들고 그위에 목조건물을 세움으로서 원래의 모습을 살려냈으며 현판의 글씨도 중건 당시의 서체를 디지털 기술로 복원하였다고 한다.

지난 옛날 대학교를 다닐 때에는 공휴일이나 노는날이되면 친구들과 함께 창경궁이나 경복궁을 종종 찾아와서 숲길을 걷기도 하였는데 학교를 졸업하고는 무얼한다고 바빴는지 그냥 지나치기만 했지 몇 십 년 동안 찾아오지를 못했다. 오늘에야 이곳을 와서보니 수백 년의 이조역사가 함축되어 있는 고궁을 왜 무심하게 지나쳐 버렸는지 후회가 된다.

임금님이 정사를 펼치던 근전정의 우람한 자태와 그 아래에 돌로 새겨진 수십 개의 품계를 적은 돌 기둥은 "상감마마 아뢰옵니다." "성은이 망극하옵니다." 하는 대신들의 소리가 들리는 듯

하다. 중전이 거처하는 내당과 궁여들이 살던 방들이 죽 펼쳐진 수십 채의 궁들은 누가 어디에 거처하는지 모를정도로 넓고 분청색깔이 아름답게 보인다. 수십명의 궁중수비대들이 붉은 도포자락에 남색띠를 두르고 큰북과 작은북을 치면서 나팔을 불고 궁 앞을 왔다갔다 하면서 그 시대의 근엄하고 규칙적인 왕실의 모습들을 경복궁을 찾아 오는 손님들께 재연해 보이고 있다. 그들이 부는 나팔소리는 평소에 부는 나팔소리와는 좀 다르게 들리고 어쩐지 가슴을 에이는 것 같은 서글픈 소리가 눈물 많고 이야기 많은 역사의 소용돌이 속에서 희노애락을 체험했던 지난 날의 궁인이되어 시공을 넘나들고 있는 느낌이든다.

나 자신이 타인이되어 뒷길을 걷고 있는 한가한 시간 풀 한 포기도 없는 매끈한 흙길은 빗자루로 쓸어 놓은 것같이 깨끗하다. 헤아릴 수 없을만큼 많은 사람들이 가족을 데리고 고궁을 찾은 흔적이 보이고 높고 낮은 나무들의 숲그늘은 하늘의 작은 공간마저 허락하지 않고 푸르름이 짙게 보인다. 삭막했던 삶의 시간 속에서 잠깐이나마 비껴 선 기분이다.

갓 피기 시작한 희고 노란 경회루의 연꽃은 영조대왕의 모후(숙종대왕의 후궁)인 동이생각을 하게한다. TV에서 잠깐 보았지만 창덕궁 다리위에서 임금님이 보고싶어 달을 하염없이 쳐다보던 동이가 엄마를 그리워하는 나의 모습으로 바뀌어지는 순간이기도 하다. 외국 사신들을 접견할때 무희들을 불러 풍악을 즐기던 경회루 이층 연회장은 인왕산이 보이고 물 위에 배를 띄우던 아름다운 곳이었다고 한다. 그곳을 올라 가서 자세히 보니 작은 새까지 날아 들어오지 못하게 연회장 난간에 그물을 쳐놓은 모습은 사신들에게 얼마나 세심한 배려를 했는지 알 수 있을것같다. 이익의 추구를 위해서는 지금이나 옛날이나 하는 모습만 틀릴뿐이지 다를 바가 없는 것 같다. 경회루 연못가에 띄엄띄엄 앉을자리가 놓여 있었지만 이 생각 저 생각 학교에서 배웠던 역사 속에 인물들을 들춰가면서 틈새의 생각들 때문에 나도 모르게 몇 바퀴나 왔다갔다 걸어다녔다.

경회루 뒷길을 한참동안 올라가니 명성황후가 살다간 사가가 보인다. 비슷비슷한 궁궐같기도해서 중간에서 돌아갔다면 건청궁을 보지 못했을런지도 모른다. 왕후의 사생활을 보호하기위해 만든 집이 었다고 한다. 일본공사 미우라의 지시를 받고 일본 낭인들에게 처참하게 시해를 당하고 불길에 덮여 시신조차 찾지 못했던 곳이 이 건청궁이었다니 갑자기 숙연한 마음이 들어 가슴이 져며온다. 청나라와 일본을 사이에두고 대원군과의 다툼은 얼마나 명성황후의 머리를 아프게 했을까? 폐허상태로 있던 광화문을 새롭게 복원한 대원군의 좋은 모습은 어디로갔는지 없어지고 황후에대한 대원군의 대립이 왠지 미워보인다.

나라의 운명을 등에 업은 황후의 시름과 대원군의 권력도 결국 한줌의 흙으로 돌아갈 것을 밀리고 찢기면서 티끌보다 더 작은 곳에 목숨걸었던 일들이 괜히 무상함을 느껴본다. 건청궁앞에 몇백 년을 버텨온 큰거목들은 지난 날 왕궁의 부귀와 서러움을 다 알진데 허공에 나뭇잎만 흔들릴뿐 한마디의 말이없다.

연못가 빈벤치에 혼자 앉아 백년 전 이화라는 두글자를 학교에 하사하여 이화여자대학교가 생기게 한 여성교육의 선구자였던 명성황후, 그동안 잊고 있었던 그분의 존재를 새겨보며 경복궁 뜰 먼 하늘을 망연히 쳐다 보았다.

2011.06

색동 저고리

가족 130×162cm oil on canvas

창가에 놓아둔 작은 꽃들이 빨강 노랑 색깔의 꽃잎을 피우며 웃고 있다. 매일 보는 꽃인데도 오늘따라 왠지 더 예뻐 보인다. 고운 꽃잎에 가만히 손가락을 대어 보았다. 엄마가 여러 가지 색깔의 천을 이어서 만든 색동저고리처럼 예쁘다. 몇 십 년 전 딸이 결혼한다고 할 때 엄마는 나에게 색동 저고리를 만들어 주었다. 봉숭아 꽃, 민들레 꽃, 개나리, 분꽃, 백일홍 색깔이었다. 신부가 되어 색동 저고리를 입은 딸의 모습이 보고 싶다며 밤이 새는 줄 모르게 재봉틀 쪽발에 간격을 맞춰가면서 만들어 주던 엄마의 얼굴은 떠오르는 햇님 같이 밝게 보였다. 이젠 엄마는 가시고 없지마는 내 딸도 떠오르는 해처럼 곱게 자라서 결혼식을 얼마 남겨두지 않고 신부가 되려고 한다. 마흔 살이 넘어서 아이를 낳았을 적에는 언제 자라서 대학을 졸업하고 시집을 가나, 그때는 세월이 더딘 것 같아 내 마음은 가을을 재촉하는 농부같이 바쁘기만 했다. 지나고 보니 그 많은 시간들은 언제 가버렸는지 한 세대가 훌쩍 지나 가버린 것 같다.

하얀 눈이 한 뼘도 넘게 쌓이던 정월 달, 내 딸과 나의 사십 년의 간격은 제왕절개라는 어려운 수술 끝에 첫 울음을 울었다. 그 당시에는 제왕절개를 해서 아이를 낳는 일이 드물어서 생전 처음으로 수술실에 들어간 나는 죽음을 각오한 출산이었다. 아이가 자라기도 전에 내가 먼저 가버리면 어쩌나 갓 태어난 아이를 쳐다보면서 약한 마음을 추스르기도 했다. 사십 년의 공간은 많은 생각을 만들게 했다. 속마음은 언제나 보이지 않게 가려놓고 세상을 이길 줄 아는 단단한 아이만을 고집하면서 찬바람이 부는 겨울바람처럼 매운 엄마가 되어 아이를 지켜봤다. 지금 생각하면 속내를 숨기지 않는 다른 엄마들이 부럽기도 하다. 딸에게 잘한 모습도 많을 건데 못해준 모습이 훨씬 마음을 에이게 한다. 모르고 넘어갔던 조그만 일들까지 후회스럽고 슬프게 한다.

아직 귀가 하지 않는 딸의 방문을 열어 보았다. 밤늦게까지 글을 쓰던 볼펜들이 책상위에 놓여있고 품에 안고 자던 곰 인형도 언젠가는 주인을 잃어버리는 듯 동그랗게 뒹굴고 있다. 잃어버린 사람을 찾는 것처럼 딸의 방을 왔다 갔다 하면서 할일 없이 서성거리고 있다. 다른 간난아이보다 유난이 빨갛던 피부에 꼭 집어 낼 수 없이 두리뭉실한 눈, 코, 입이 밉게 자라면 어떻게 하나 괜한 걱정도 많이 했는데 아빠를 닮은 사진 속의 딸은 실물과 같이 오동통하고 복스럽게 보인다.

조금만 있으면 시집가는 딸에게 무엇을 해주나 갑자기 장롱 속에 숨어있는 엄마가 만들어 놓은 색동저고리가 생각난다. 오늘 와서 보니 무지개처럼 고운 색동저고리는 작품같이 아름답다. 화려하다는 이유로 부끄러워 입지 못하겠다는 핑계를 대며 삼십 년의 긴 세월 동안 한번도 내 몸에 걸치지 못하고 장롱 속에 잠 재운것을 생각하면 미안한 마음이 생긴다. 밤을 세워가며 만드신 엄마의 성의를 생각해서라도 살아계실 때 한번쯤은 입은 모습을 보여 드려야 했는데 돌이켜보면 철이 들지 않았던 내 모습이 후회스럽기만 하다.

내 딸이 결혼하는 날은 오래된 친지들까지 많은 사람들이 모일 것 같다. 신부 엄마답게 어떤 옷을 입어야 예쁘게 보일 수 있을까 때마침 걱정하고 있었는데 그날만은 딸의 결혼식을 핑계 삼아 엄마께 보이드리지 못했던 그 색동저고리를 많은 하객들 앞에서 자랑스럽게 입고 나설 것을 마음 속으로 다짐하고 싶다.

방금 만든 것처럼 색깔도 변하지 않는 화사함은 시간을 초월한 것처럼 아름답게 보인다. 행여 결혼식에 온 사람들이 신부가 입어야 할 색동저고리를 왜 신부엄마가 입느냐고 의아하게 생각해도 나만은 그 이유를 알고 있으니까 개의치 않으려고 한다. 어디엔가 외손녀의 결혼식을 지켜보실 것 같은 엄마에게 당신의 딸이 철이 들었다고 말하고 싶기도 하고… 여차하면 딸과 외손녀의 경기 때문에 맨발로 뛰던 엄마의 고마움을 이 기회에 갚기도 할겸...

엄마가 만든 색동저고리는 시집가는 내 딸에게는 큰 선물이 될 것 같다.

2012.03

결혼 하는 날 30×30ㅈcm oil on canvas

채 봄이 오기 전에

국화 53×41cm oil on canvas

창밖에 명자나무 줄기가 한들거리는걸 보니 또 봄바람이 부는 것같다. 한 그루의 푸라타나스 나무도 가지마다 많은 방울들을 매달고 떨어지지 않고 있다. 아직 잎은 돋지 않았지만 가지들과 방울들의 어울림은 지난해의 울창하던 모습을 보여주는 것같다. 찬바람이 불던 겨울도 지나가고 어느 새 봄이 가까워졌는지 하늘에는 봄바람이 불고 가끔 눈이 내리기도하며 또 이삼일이 멀다하고 비가 오기도한다.

잔잔한 바람과 함께 대지를 적시는 봄비는 뭉쳤던 뿌리들과 얼었던 땅을 갈라 놓을 것만 같고 작은 이파리들은 지금이라도 터질 것처럼 나무줄기에 돌기를 뿜어내는 것처럼 보인다. 버들강아지가 바위 밑에 몰래 흐르는 물소리에 얼굴을 내밀 것같이 봄이 오는 소리에 겨울잠을 자고 일어나는 꽃들의 들릴 듯 말 듯한 이야기 소리는 잎새들의 숨박꼭질 같다. 어쩜 비 오는 봄하늘은 새싹을 내기 위해 몸부림치는 잎새들에게 기지개를 펴게 하는지도 모른다.

계절따라 움직이던 내 마음에도 봄이 다가오는지 공연히 하늘 높이 떠있는 흰구름을 아무 생각없이 바라보면서 남아있는 나만의 시간을 쪼개보기도 하고 아름다웠던 지난 시간을 되돌리기도 하면서 봄의소리에 눈이 멀고 있다. 파란 하늘 끝까지 터지지 않는 고무풍선처럼 봄물이 들은 분홍 마음은 아무런 욕심도 공허함도 없이 채워지지 않는 나혼자만의 자유라고나 할까. 텅 빈 마음 속에 느끼는 한가로운 여유이다.

오늘 하루만이라도 꽃을 친구하면서 먼저 오는 봄을 기다리고

장미 65×50cm oil on canvas

싶다. 아직 녹지 않은 시골집 마당에 잠자고 있는 수련도 땅밑에 꼭꼭 숨어있는 수선화도 튤립도 봄이 오는 소리를 듣고 있는지 모두다 깨우고 싶은 마음이다. 아무도 시키지 않았는데도 발걸음은 언제 닥아갔는지 양재동 꽃시장에 슬며시 찾아가서 이 골목 저 골목 꽃들을 쳐다보면서 봄의 그리움에 해메고있다.

작은 잎사이에 깨알같이 피어난 빨간 꽃, 국화 잎파리 같은 줄기에 비로도처럼 부드러운 보라색 꽃이 눈을 부시게한다. 조그만 바위 위에 찰싹 들어붙어 있는 작고 청초한 풍란은 나의 이십 대를 연상 시키는 것 같아 고개를 돌린다. 바위에 붙은 이끼마냥 남자 곁에 떨어질 줄 몰랐던 지난 날 내 모습 같기도 하고, 고개를 숙인 할미꽃은 세상을 다 가질 것 같은 딸아이가 공부를 팽게친 채 해메는 못난 모습을 숨기고 싶은 내 엄마의 괴로움 같아 어느새 못난 딸이 되어간다. 긴 꽃대에 한송이만 핀 큰 꽃은 혼자만의 자만심을 보여주는 욕심쟁이가 되는 것 같아 괜히 미워지고 서로 어울려서 아기자기 마주보고 웃고 있는 꽃마당은 식구들과 다정스레 이야기하고 있는 것처럼 행복을 느끼게 한다. 줄기를 가누지 못하고 올망졸망 꽃잎을 달고 고개를 숙이고 피어 있는 작은 주홍 꽃은 마치 많은 가족을 책임지고 살아가는 가장같이 측은한 생각이 든다. 도도하게 피어 있는 노란 꽃은 필요없는 자존심에 마음을 가누지 못하고 살아가는 나를 보는 모습마냥 쓸쓸하기도하다.

봄꽃이 피고지고 생성과 소멸이 변함없이 반복되는 자연의 순환은 빼놓을 수 없는 나의 소멸을 가르쳐주고 미쳐 생각지도 않았던 작은 것까지도 미리 예측하고 반성하는 예언자처럼 많은 것을 예시해 준다. 이제는 나의 하루하루의 삶도 자그마한 꽃의 어울림처럼 서로 낮아지고 작아지고 어울려 가면서 친구처럼 다정스레 피는 꽃이 진정 아름다운 모습이 아닐까 하고 생각한다. 어떤 사람도 만들어낼 수 없는 꽃들 속에 나를 마음껏 숨겨보면 잠깐이나마 세상에 오염됐던 탁한 마음이 나도 모르게 맑아지고 평온해진다.

오늘 오후, 채 봄이 오기전에 양재동 꽃시장에 미리 피어있는 많은 봄꽃을 보면서 내 주위의 꽃과 같은 사람들을 생각하며 봄이 오는 소리를 듣고 있다. 봄으로 채워지는 나만의 욕심은 많은 그리움까지 끝간 데 없이 만들어 가고 있다.

2011.04

두여인 45.5×53cm oil on canvas

정 자

정자라는 이름을 가진 친구가 내 곁에 있었다. 오십 년대 후반부터 육십 년대 초인 꼭 삼 년 반 동안 같은 대학 같은 과에서 공부하면서 하루도 만나지 않으면 보고 싶어 안될 것 같았던 단짝 친구 이정자다. 날마다 새로운 표정과 그녀의 대화는 정자라는 흔한 이름과는 대조적이었다. 항상 맑은 눈망울 속에는 내 마음까지 담아두고 있었던 정자는 쇼트머리를 하고 주름치마 위에 벨트를 매었으나 키에 비하면 너무나 잘 어울리던 추억을 가진 대학친구였다. 이승만정권 당시 국회의원 딸이었는데도 표나지 않게 얌전하고 조용하게 보였으나 친구를 위한 의리 또한 남보다 다른 데가 있었다. 나와 같이 길을 걸어가면 체구와 키가 작게 보여 나더러 언니냐고 묻기도 하였으나 실상은 정자가 나보다 한 살이 많았다. 어릴 때 몸이 약해 학교를 일년 늦게 들어갔다고 했다.

마산에서 성장한 나는 대학을 입학함으로써 서울을 처음 알게 되었는데 고향에서는 상상할 수 없었던 7층짜리 반도호텔의 높은 빌딩과, 추운 겨울에도 아이스크림을 즐겨서 먹던 명동의 태극당 빵집에 모인 사람들이 신기하였다. 밤이면 불빛이 화려하고 많은 사람들이 물결치던 명동거리에 자리잡은 음악감상실은 라디오에서만 즐겨서 노래를 듣던 나에게는 딴 세상을 만들어 주는 것 같았다.

서울 복판에서 자란 정자와 시골에서 자란 나는 우리학과 60 명 중 유일한 친구가 되어 시간이 나면 쎄씨봉이나 르네쌍스 같은 음악감상실에 가서 「사랑은 아름다워라」던가「하얀 손수건」을 듣기도하고 엄마가 보고 싶거나 비가 오면서 마음이 울적할 때에는「다이아나」나「크레이지러브」같은 과격한 팝송을 들으면서 마음을 같이 나누기도 했다. 일요일이나 휴강시간이 되면 둘이는 약속을 한 것처럼 학교공부는 뒤로한 채 중앙극장이나 대한극장으로 향했다. 60년 대에는 우수한 외국영화가 특별히 많았고 이런 면에서는 세심한 감정과 느낌이 누가 시키지 않아도 너무나 잘 맞았던 것 같았다.

대학 4학년이 되기 전 3학년 말이 되었을 때 정자와 나는 하루가 멀다 하고 만나는 날이 뜸해지는 날이 오게 되었다. 그것은 내가 좋아하던 남자의 건강 때문에 안양에 있는 어느 절에 그 남자를 옮기면서부터였는데 정자는 어딘지 모르게 마음속으로는 친구가 걱정이 되었지만 눈빛으로는 무척 이해하려고 노력하는 것 같았다. 그러나 마산에서 나의 아버지가 딸을 찾아오면 어쩌나 하는 생각이 갑자기 들었는지 자기 집 주소를 살며시 내 손에 건네주었다. 그것은 나의 힘든 불행을 친구로서 보호하면서 지켜보겠다는 신호이기도 했다.

아니나다를까 그런 날이 왔다. 아버지께서는 그 남자와 내가 안양에 내려온 지 얼마 되지 않아 딸이 보고 싶어 서울에 급히 올라오셨다. 마산에서 서울로 도착하는 열차는 새벽 4시, 5시 밖에 없었기 때문에 첫차로 서둘러서 새벽 4시에 아버지는 서울에 도착했다. 아버지 생각에는 딸을 위해 식당에 가서 맛있는 아침을 먹고 갈 참으로 택시를 타고 청량리에 있는 정자집으로 바쁘게 직

행했던 것이다. 며칠 전 집으로 보낸 나의 편지에 정자집 주소가 내가 사는 주소인양 크게 적어 놓았기 때문에 아버지는 의심할 여지가 없이 주소 대로 찾아 갔던 것이다.

안양의 그날 아침 일어나서 하늘을 보니 먼동이 트고 있었다. 한 시간 밖에 없는 학교의 수업시간을 안양에서 기차를 타고 왕복 5시간을 보내야 하나 그렇지 않으면 가지 말아야 하나 하고 혼자 망설이고 있는데 새벽공기에 서리는 희뿌연 안개 사이로 어떤 사람이 이쪽으로 걸어 올라오고 있었다. 산과 나무로 둘러 쌓인 이 오솔길은 그 남자를 만나는 손님이 아니면 지나가는 사람이 없던 길이었다.

가까이 다가올수록 허겁지겁 바쁘게 뛰는 걸음걸음이 예사롭지 않아 눈을 비비고 쳐다보니 정자같이 보였다. 그러나 이 시간에 정자가 올 리 만무하였다. 청량리에서 이곳까지 오려면 정자집에서 전차 길까지 걸어 나와 전차를 타고 시외버스터미널까지 오는 데만 한 시간이 더 걸리고 터미널에서 안양까지 가자면 또 한 시간이 허비된다. 그것은 문제가 되지 않는다. 해가 뜨기 전 이 새벽에 도착하려면 서울에서 야밤중에 출발해야 된다. 집이라고는 한 채도 없고 불빛도 없는 깊은 산중에 남자도 간이 작으면 다닐 수 없는 길을 곱게만 자란 정자에게는 정말 어울리지 않았다. 그러나 내 생각은 빗나갔다. 바지를 입은 작은 체구와 급해서 빗지 않은 짧은 머리는 다가 올수록 그녀였다. 긴가민가 눈을 의심 하면서 뚫어져라 쳐다보고 서 있는 나를 보고 느닷없이 뛰어와서 끌어 앉는다. 나를 만나지 못할 것 같은 헛걸음의 준비까지 예측했던 정자의 안도감과 오랜만에 나를 만난 안쓰러운 반가움에 눈물마저 글썽거렸다.

내 아버지가 사랑했던 딸의 실망과 배신감을 끝까지 보호하려고 애썼던 정자는 대학 한 학기를 남겨놓고 홀연히 결혼을 하고 말았다. 대학을 졸업하고 몇 개월 후 우연히 종로5가에서 바쁘게 만났지만 짧은 시간에 깊은 말을 할 수가 없었다. 그 이후 지금까지 보고 싶었던 정자는 어디에 살고 있는지 한번도 만나지를 못했다. 아마 옆에 서 있던 훤칠한 남자가 남편같이 보였고 행복하게 살고 있는 것 같이 느껴졌다. 지금 생각하면 가장 감수성이 예민하고 많은 꿈과 희망이 서려있었던 대학생활 4년은 정자와 나의 잊지 못할 추억을 만든 시간이었는지도 모른다. 한가한 시간 살며시 지난 날을 생각하면 정자가 아니었다면 나는 어떻게 되었을까 고마움을 느낀다.

2011. 09. 14

아테네 다방

승용차에 시동을 켜자마자 낮고 은은한 바리톤의 노래소리가 꽃밭 사이로 펼쳐지는 하얀 안개처럼 어디론지 멀리 데리고 가는 것만 같았다. 어디를 가려던 생각은 스르르 무너지고 행복한 마음이 쌓이는 것처럼 느껴졌다. 행복한 마음을 가진다는것 아마 이런 순간을 두고 말하는지도 모른다. 그저 흘려 들었던 「그녀가 아름다웠다」(she was beautiful)라는 노래였는데 이렇게 정답게 들리기는 처음이었다. 새벽 특유의 분위기와 가라앉은 듯한 조용한 음성은 마음 속에 쌓여 있는 이야기들을 풀어 낼 것 같이 부풀어 올랐다.

대학에 다니던 오십년 전의 생각이 나고 나도 모르게 웃음이 나왔다. 일학년 때에는 현대음악이라고는 아는 것이 한 곡도 없었던 시절이 있었다. 미친 듯이 샹송이나 light music을 알기 위해 세시봉이나 르네쌍스 같은 음악감상실을 찾았을 적은 대학 이학년이 되었을 적이었다. 그때가 어제 같은데 오늘 헤아려보니 세월은 언제 흘러갔는지 반세기가 훌쩍 지나 버렸다.

집하고 학교, 친구밖에 모르고 자란 나는 보호자도 없는 하숙집에 사는것보다 간섭이 필요한 기숙사 생활이 훨씬 안전할 것이라며 아버지가 결정한 기숙사부터 첫 대학생활이 시작됐다. 가장 높은 상급생은 얌전하고 새침떼기인 국문과 3학년 국자언니였고 영문과 명희언니가 두번째 였다. 그리고 똑같이 신입생이던 연자는 기독교 문학과에 다녔다. 그래서 정외과인 나를 보태면 우리 식구는 네 사람이었다. TV가 없었던 이승만 정권 당시 유일한 라디오는 세상의 모든 정보통이었다 기숙사의 기상 시간이 되면 트렌지스터라는 핸드폰 크기의 작은 라듸오는 「푸른다늅강의 물결」이나 「봄의소리 왈쓰」patty page의 「I went your wedding」 「changing partner」등 아름다운 노래를 많이 들려주었다. 연인을 다른 여자에게 빼앗기고 슬퍼하던 「I went your wedding」이나 「changing partner」는 모르는 대학생이 없을 정도로 한창 즐겨 부르던 노래였다.

기숙사 우리 방은 다른 방에서 부러워 할정도로 언제나 웃는 소리가 쌓여가는 사이 좋은 방이였다. 깜직하던 명희언니는 노래만 나오면 엉덩이를 흔들면서 아침마다 춤을 추었고 새침떼기 국자언니는 웃는것도 부끄러워서 벽을 처다보고 혼자 웃었다. 지금도 동그스런 얼굴에 고개를 숙이고 웃던 국자언니와 항상 웃음을 잃지 않고 명랑하던 명희언니가 어느 날 밤 기숙사 철침대 위에서 밤새도록 흐느껴 울던 모습이 눈에 선하게 비친다. 유학간 친언니가 미국남자와 결혼 했다면서 그날 아침은 음악에 맞추어 춤도 추지 않았다.

학년이 같은 연자는 우물 안 개구리 같은 나와는 비교가 안될만큼 바깥세상을 많이 알고 어른스러웠다. 고속버스가 없던 그 당시에도 대학입학식에 늦을까봐 일반사람들은 감히 엄두도 못할 특별비행기를 타고 서울에 올라온 일이며 시집을 잘 가겠다고 턱걸이를 해서 기독교 문학과에 지망한 일은 내가 상상할 수 없는 뛰어난 발상이었다. 고등학교 다닐 때도 공부보다 놀기를 더 좋아해서 여행광이 되버렸다는 그녀는 평소 때 하던 말대로 대학교 이학년이던 초봄에 서울에 새로 생긴 아스토리아 호텔에서 졸업을 뒤로한 채 서울대학생과 결혼을 해버렸다. 우리 방 언니들은 세상살이의 재밋거리와 많은 이야기를 갖고 있는 연자하고 이야기하는 것을 엄청 좋아했다. 나만 없으면 기숙사방에 모여 앉아 미래의 신랑감 후보로 선호한 멋쟁이던 연세대학교 학생이나 수재들이 모여있는 서울대학생, 멋진 유니폼을 입은 사관생들의 매력덩어리를 하나하나 끄집어내어 화제 대상에 자주 올리곤 하였다. 그러나 나만 방에 들어오면 모두다 입을 봉하고 아무 말을 하지 않았다는 듯이 눈만 멀뚱멀뚱 하였다. 그런 틈새에는 언제나 꾸어논 보릿자루가 되고 본의 아닌 왕따가 되었다.

기숙사 생활이 채 한 달이 덜 되었을 때 국자언니는 노래가 좋은 다방이라며 신촌역 앞에있던 아테네 다방으로 우리들을 데리고 갔다. 그곳에 들어 가자마자 눈을 뜰 수 없이 매운 연기가 자욱하고 앞이 보이지 않는 담배연기 속에는 남자와 여자가 스스럼없이 껴안고 있었다. 내가 태어나서 처음 보는 광경이었다. 죽는 시늉을 하면서 숨이 넘어갈 듯이 발악을 하는 노랫소리는 고막이 떨어져 나갈 것만 같았다. 다방이라는 곳을 처음간 나에게는 충격이 아닐 수 없었다. 지금 생각하면 나를 골리려고 한 것인지 아니면 촌티를 벗길려고 데리고 갔는지는 알 수 없지만 미친듯이 부르던 이상한 그 노래가 일년 후 유명한 폴앵커(paulanka)의 「다이아나」와 「crazy love」 인것을 알기 전까지만 해도 다 제 정신이 아닌 사람이 듣는 노래라고 의아하게 생각한 적이 있었다. 어느 때 신촌에 가서 그곳을 찾아 보았으나 언제 없어졌는지 추억이 담긴 그 다방은 아쉽게도 찾을 수가 없었다.

어느덧 언니들도 학교를 졸업하고 나 역시 서울물이 몸에 익은 상급생이 되어갈 즈음 과격하다 못해 나를 골탕 먹인다고 생각한 노래들이 내 마음 속에 잠자고 있는 많은 생각을 대신 이야기 해주고 있는 것을 알게 되었다. 그 이후로 시간이 나면 폴앵커의 「lonely boy」 「papa」 「cest si bon」을 듣기도 하고 어떨 때는 낫킹콜의 「별은 빛나건만」 「아베마리아」 「오솔로미오」 「케사스 케사스」 같은 조용한 노래에 흐트러진 자신의 위치를 찾기도 했다.

학교를 졸업하고 이십 년이나 지난 후에 고향을 떠나 하와이에서 살던 때가 있었다. 그때 연기가 자욱한 다방 모퉁이에서 「autumn leaves」 「too young」 「love me tender」 「falling in love」를 친구와 이야기 하면서 해가 지는 줄도 모르게 즐겨 듣던 이십 대의 노래광도 「타향살이 몇 해던가」를 들으면서 눈시울을 적시며 울던 날이 있었다. 한국에 살았더라면 아무렇지도 않을 노래가 영화 음악처럼 고향을 떠난 나그네의 마음을 낱낱이 파헤쳐 주는 것같이 마음을 아프게 했다.

감동적인 영화가 물밀듯이 많이 쏟아져 나오던 60년 대 「慕情」이라는 영화에서 「사랑은 아름다워라」 하는 노래가 우리의 마음을 한없이 울리기도 하고 「티파니의 아침」에서 「moon river」 가 유행되기도 했다. 이태리 음악이던 오 젤소미나는 유명배우 안소니퀸이 주연배우로 나오는 「길」이라는 영화보다 노래가 훨씬 잘 알려졌던 슬픈 노래인걸 보면 노래에 살고 노래에 죽는다는 말이 실감이 난다.

지금 생각하면 국자언니는 내가 무던히도 노래를 좋아할 줄 아는 사람이 될거라고 미리 예측한 선경지명이 있는 사람같이 느껴진다. 오늘도 안개가 자욱한 새벽에 「그녀는 아름다웠다」 라는 노래에 숨을 죽이고 있는 나는 움이 트기도 전에 과격하던 「다이아나」 나 「크레지러브」를 가르쳐준 기숙사 식구들이 보고 싶어 하늘 끝까지 노래에 날개를 달고 오십 년 전으로 날아가고 있다. 아예 샹송이나 현대음악에 먹통이던 촌티 나던 그리운 그 시절로 되돌아가고 싶다.

2011.10

하와이 30×30cm oil on canvas

과일가게 53×40.9cm oil on canvas

엄마의 작은 뜰

엄마는 시골집의 작은 마당을 사랑하면서 10 여년 간 채소와 예쁜 꽃을 가꾸면서 살다 가셨다. 오며 가며 손때를 묻혀 가며 겨울을 빼고는 봄, 여름, 가을까지 먹을 것이 떨어지지 않던 시골집은 몸집이 작은 엄마가 종종걸음으로 채소에 물주고 꽃 키우느라 시간 가는 줄 몰라 했었고 늘 행복해 하던 곳이기도 했다. 내가 만들어 준 엄마의 집을 딸에게는 고맙다고 말을 하지 않았지만 남에게는 항상 딸 자랑을 하시곤 했었다. 이제는 이 집 주인은 가시고 없지만은 나는 엄마가 생각날 때마다 할 일없이 차를 몰고 그집을 찾아가서 이 구석 저 구석 엄마가 심어놓은 나무들을 바라보면서 한 여름 어느 비 오는 날, 부추 전에 넣은 방아 잎사귀의 향기 같은 엄마의 냄새를 맡는 딸이 언제부터인지 모르게 되었다.

길고 추운 겨울이 지나고 이른 봄이 되자 작은 뜰 안에 엄마와 함께 살았던 식구들이 갑자기 생각이나서 이른 새벽에 차를 몰고 시골길을 달렸다. 봄빛과 함께 긴 겨울의 통로를 벗어난 작은 이파리들이 어떻게 지냈는지 살아 있는지 살지 않았는지 가슴이 설레기 시작했다. 마당에 들어서자마자 성냥개비처럼 작고 앙증 맞은 제비꽃이 땅바닥에 엎드려서 보라색꽃을 피우고있다. 민들레도 오랜만에 찾아온 나에게 오동통한 노란꽃의 자태를 뽐내면서 상냥하게 인사를 한다. 엄마가 가시고 없는 빈집에 혼자 조용히 쪼그리고 앉은 나는 성냥개비 같은 제비꽃과 오동통한 민들레 꽃을 쓰다듬어 보았다. 보드랍고 연하디 연한 작은 잎들이 쓰다듬는 내 손길에 수줍어하는 듯 작은 꽃대를 수그린다. 어쩜 아직 돌잡이도 되지 않은 작은 아기의 재롱같이 사랑스럽게 느껴진다.

나는 한 발자국 두 발자국 숨바꼭질하는 아이처럼 엄마가 시집올 때 가져온 장독대 옆으로 살금살금 다가갔다. 이파리는 없고 마른 가지만 서 있던 두릅나무가 복숭아씨같이 생긴 촉을 볼록하게 만들어놓고 장독대 뒤에서 보리수나무와 키를 맞추고 있었다.

엄마가 계셨으면 얼마나 좋아하셨을까? 이슬방울이 내 눈망울 앞에 다가선다. 줄을 짓던 개미들도 아직 추위가 덜 가셨는지 보이지 않고 하얀 목련과 자목련의 봉우리는 하늘 끝까지 콧대를 세우고 내 쓸쓸한 모습을 지켜본다. 이 집에 놀러 온 남동생과 뒷산에서 몰래 캐온 분홍 진달래꽃은 내가 찾아올 줄 알았는지 꽃봉오리를 갓 틔우려고 한다. 이십 대 여인 같이 청초하고 아름답다. 진홍의 명자꽃과 진달래의 연분홍은 화려한 조화를 이루고 있다.

집 뒤를 혼자 돌아보면서 돌 절구통에 썩어있던 낙엽들을 손으로 퍼내기도 하고 마당에 여기 저기 놓여있는 맷돌을 보면서 행여 작년의 식구였던 작은 풀잎들이 나와 있는지 나오지 않았는지 찾아보면서 돌아보았다. 신기하게도 돌절구 뒤편 바위 옆에 보리알처럼 솟아난 돌나물이 아침이슬같이 탐스럽게 붙어있고 서울 친구들이 취나물이라고 깜박 속아 넘어갈 뻔했던 초롱꽃의 꽃대가 움을 틔우고 있다. 달래도 부추도 미나리는 살얼음 속에서 아직 땅 위에 나오지 못하고 자주색 이파리가 되어 추워서 떨고 있다. 함박꽃이 고사리 줄기모양 촉이 트기 시작하고 꼬챙이 같은 목단꽃 줄기에 잎이 트기 시작한다. 창포 이파리가 뾰족이 얼굴을 내밀다가도 숨어버린 뒤켠에 꽃 매실이 연하디 연한 빨간 봉우리를 치켜 세우면

과일 53×40.9cm oil on canvas

서 나의 발걸음을 멈추게 한다.

맑은 하늘에는 바람이 분다. 코끝에 스치는 봄내음은 갑자기 내 어릴 제 엄마의 향기같아 먼 하늘을 쳐다본다. 이꽃들은 누가 심었기에 이렇게도 나의 마음을 부풀게 하고 서럽게 하는지 돌뿌리에 넘어지지 않도록 만든 침목 길 옆에 멍하니 주저 앉아 주위를 쳐다보았다. 이때쯤이면 해마다 그러듯이 담 건너편에 하얀 배꽃이 내 눈을 맞추려고 피어 있고 길 옆에 복숭아꽃 봉우리가 돌아서는 내 마음을 벌써 알아차렸는지 옹기종기 얼굴을 내밀고 있다. 봄꽃들이 지고 보리수 나무에 빨간 열매가 열리는 한여름이 올때까지는 시골집의 꽃 냄새에는 취하지 말아야 되겠다.

엄마같이 생긴 작은 감꽃은 언제 필려나?

2009. 04. 02

무제 45.5×53cm oil on canvas

편지

벌써 나이가 시어머니만큼 되고보니 지난날 흑과백의 논리마냥 어디에 갔다 놓아도 합쳐질 수 없었던 시어머니와 나의 관계가 새롭게 생각이 난다. 지금의 나이만 되었드래도 시어머니의 입장을 충분히 이해 할 수 있었을것 같은데 그 당시는 도저히 시어머니를 이해할 수가 없었다. 어릴 때 엄마를 일찍 여의고 학교라고는 구경도 하지못한 시어머니는 어린 여동생 셋을 먹여 살려야 되는 소녀 가장이 되어 이 집 저 집을 다니면서 일을 하며 힘들게 살아왔던 것으로 친척들로부터 들어 알았다.

동네사람들은 불쌍하게 살던 네 자매를 가엽게 여겨서 제일 큰 언니인 시어머니를 먼저 시집을 보내야만 동생들도 짝을 짓고 그래야만 식구들의 입을 덜게 해서 조금이라도 고생을 덜시키겠다는 요령으로 아내를 잃고 새 장가를 가기위해 규수를 찾는 남자에게 맞선을 보게 서둘었다. 고생이 남보다 많아서인지 손발이 다른 처녀보다 두배나 크고 거칠었던 시어머니는 어울리지 않는 껑충한 키와 어딘지 모르게 들뜬 사람모양 화난표정과 큰 입술은 누가보아도 호감이 가지 않는 얼굴이었다. 분명 맞선을 보이면 신랑감에게 퇴짜 맞을 것은 불보듯 뻔한 일이란걸 알아차린 이웃 사람들은 퇴짜를 막기 위해 동글납작하고 귀염성이있는 시이모인 시어머니의 여동생을 대타로 신랑감에게 선을 보였다고 한다.

일제시대 중국까지 가서 타이어 공장까지 하던 좀 세련된 신랑감은 아내와 사별을 하고 우리나라 처녀와 결혼을 하기 위해 한국을 나왔다가 지금으로 말하면 사기결혼을 당한 셈이었다. 결혼식 날 선을 봤던 오목조목하고 에쁘던 처녀가 딴 처녀로 바꿔치기된 것을 시아버지는 금방 알아차리고는 기가 막혔으나 하늘의 운명이라고 큰 마음을 먹고 모른체 하였다고 한다. 갑자기 시골에서 중국까지 남편을 따라간 시어머니는 운이 좋았는지 시집을 간 그 다음 해가 되던 열여섯 살에 건강한 아들을 낳아 시아버지에게 안겨 줌으로서 시어머니의 흉은 온 데 간데 없이 사라지고 말았다.

요즘 같으면 남편과 동갑인 나와는 열다섯 살 밖에 차이가 나지 않은 시어머니가 어쩌면 사이 좋은 자매같은 나이였는데도 나만 만나면 이끼 낀 바위모양 어두운 먹구름떼가 온 집안에 몰려오는 것처럼 어두침침하고 불안하게 만들었다. 머얼건 하늘에 날벼락같이 나의 입장은 눈곱만큼도 생각하지 않고 뱉어 버리는 언행은 진짜로 남편의 엄마가 맞을까 할 정도로 아들의 위치와 인격을 외면하였다. 십대부터 집을나와 고학으로 일본과 중국에서 경제학과 법철학을 공부했던 남편은 학력을 외면하기 쉬운 그시절에도 대학교를 나온 나를 배필로 삼은 것을 보면 시어머니보다 본인에게 걸맞는 배필을 찾을 생각을 했던것 같았다.

어느 날 예고도 없이 우리 집에 찾아온 시어머니는 침대안에서 우유를 먹고 있는 손녀딸을 보고는 "사람 새끼를 상자 안에 가둬두고 소젖을 먹이는 여자가 어디 있느냐?" 면서 아랫사람이 있는 자리에서 얼굴을 들지 못하게 사정없이 뭉게 버리더니 바깥을 나가는 나를 보고는 "무슨 사내들이 그리 많아 차까지 타고 다니냐" 면서 이놈 저 놈을 만나러 다니냐며 잘한 일이나 못한 일이나 모두다 심통을 내고 어이없이 몰아 붙이는 대화에 무한한 인내가 필요하기도 했다. 상하관계를 외면한 며느리의 모습은 감정조절에 약한 시어머니에게는 괜히 뒤틀리기 일쑤여서 심통만 부리다가 토라지는 일이 많았다. 예고없이 와서는 이유없이 가버리기도하여 하루종일 동네를 찾아 해메는 당황스러움을 만들기도 하였으며 찾아오는 손님들에게는 시어머니가 아닌 다른 사람으로 오해를 사기도했다.

시어머니가 환갑이 되던 날은 환갑잔치를 핑계삼아 서울에 올라온 시어머니의 여동생들은 상자안에 가둬둔 아이를 보려 왔다며 남편이 보는 앞에서 자기 며느리도 아닌 조카 며느리를 길을 들여야 되겠다고 펄펄뛰면서 큰소리를 치기도 했다. 자신의 생활과는 동떨어지는 며느리의 일거일동이 남편의 고향에서는 어이 없는 며느리로 둔갑되었던 모양이었다. 며칠을 같이 지낸 시이모들은 시어머니에게 들었던 이야기와는 차이가 나는지 한풀꺽인 마음으로 되돌아가기도 했지만 가슴이 둥둥거리고 마음이 뛰는 이런 날이 많기도 했다.

남편은 시어머니가 어떤 행동을 하든 여자들이 하는 일에는 좀처럼 끼어들지 않았다. 팔형제 중 둘째인 남편은 가난하던 어린시절을 못잊어 하는 듯 나의 편도 들어 주지 않았고 묵묵부답, 요지부동이었다. 이런일이 생기면 어느만큼은 나의입장에 서서 중간 결론도 내려줄만한 남편이라고 생각하고 있었는데 그 남자는 항상 시어머니의 아들이 되어 있었고 나는 뒷전에 나 앉아 있는 승산없는 며느리가 되어 있었다. 그런 날이 많아지자 왠지 이런 남자가 싫어지고 미운 감정이 가득하여 추운 겨울날 가방안에 몇가지의 옷을 주섬주섬 챙겨들고 헤어질 준비를 하고 친정 엄마에게 내려 갔다. 그런 남자와 살고 싶지 않아서 하고 적당히 말을 흐리고는 나도 모르게 엄마 옆에 엎드려서 잠이 들었다. 자다가 눈을 뜨고 엄마를 보았는데 엄마는 밤잠을 자지 않았다. 범이 새도록 앉아서 내 얼굴만 내려다 보았다.

몇 년이 지나고 남편의 서재에 책을 정리하고 있었는데 책 속에서 하얀 편지 봉투 한장이 눈에 띄었다. 무엇인지 궁금하여 곱게 접은 봉투를 열어 보았는데 일제시대 야학

봄의 추억 130×162cm oil on canvas

교밖에 다니지못한 엄마의 서툰 글씨가 연필에 침을 묻혀서 쓴 글씨인지 유달리 까맣게 적혀 있었다. 몇년 전에 찾아 와서 잠이든 딸을 보고는 나 몰래 사위한테 전심전력을 쓰서 보냈던 편지였다. 오래되어 자세히 기억되지는 않지만 대략 이런 내용이었다.

"안부는 거두절미 하겠네 내딸을 잘 키워서 남의 집에 보낸다고 곱게만 키웠는데 자네 만큼 사람답게 키우지는 못하였네. 어릴때 부터 온갖 고생을 다하면서 엄마없는 어린 세 동생까지 시집 보내고 아들까지 훌륭하게 키워낸 안사돈을 높이 볼줄 모르는 딸을 용서해주면 고맙겠네 그리고 못난 딸을 키운 장모를 용서해주게 만약 자네와 내 딸이 인연이 다하여 헤어진다고 하더라도 나와 자네와의 인연은 끊지 말게."

언제나 엄마는 내편이었다.

2013.03.28

가을 여행

여행 33.3×45cm oil on canvas

여행을 한다는 것은 똑같은 생활의 테두리 속을 잠깐이나마 비껴 서서 나를 되돌아 보는 시간을 갖게 되는 것인지도 모른다. 아버지께서 살아 계실 때는 너는 놀기 위해 태어난 사람 같다고 가끔 나에게 이렇게 말했다. 그 말이 무슨 뜻인지 많은 시간이 지난 후에야 조금 알아차렸다. 지금의 내 나이가 되지 않으면 알지 못하는 것 같다. 아이가 어른이 되어야만 어른의 마음을 알 수 있듯이 생각이 얕은 사람은 생각이 깊은 사람을 이해하지 못한다. 자신이 어디에 서서 살고 있는 줄도 모르고 살아간다.

나도 여행을 하기 전까지 만해도 그랬는지도 모른다. 자연을 따라 곳곳을 여행하면서 학교에서 가정에서 배우지 못한 많은 것을 느끼고 그 속에서 오염된 나를 정화했다. 세상을 재미있게 살아가는 요령도 배우고 슬플 때 울지 않는 모습도 남에게 보여줄 용기도 배웠다. 삭막하다고 생각할 때 힘들게 살고 있는 세상사람들을 생각하면서 어울릴 줄 아는 둥근 사람이 되는 연습도 했다.

집을 떠나서 어디를 간다는 것은 나무가 비를 만나는 것같이 비어 있는 나를 채우고 돌아온다. 이렇게 여러 사람과 여행을 즐기고 행복해 하는 나를 그 시대에 힘들게 살았던 아버지는 이해하지 못했는지 모른다.

가을은 사계절 중 여행에 적합한 계절이어서 해마다 가을이 되면 산과 바다를 찾고 그 속에서 사람들의 이야기들을 많이 만드는 것 같았다. 망연히 먼 하늘을 쳐다보면서 그때 다녔던 그 길 숲에 앉아 마음을 달래보기도 하고 옛날을 그리워하기도 한다.

산 속의 오솔길에는 푸른 나뭇잎들이 빨갛고 노란 아름다운 단풍이 되어 반겨주기도 하고 먼바다 위에 펼쳐진 뭉게구름은 높은 하늘 속에서 멋지게 춤추는 친구 같기도 하다. 황금 빛깔로 변해버린 벼 이삭들, 주렁주렁 달려서 쏟아질 것 같은 감, 대추, 사과 밭에 탐스럽게 열린 붉은 사과들, 차창 밖을 놓치고 싶지 않은 가을의 풍경이다.

가을들녘에 노랗던 벼 이삭들이 하나씩 또 하나씩 추수가 시작되고 느티나무 잎사귀들이 가을바람에 떨어지는 것이 보인다. 사람의 눈에 띌세라 나뭇가지 사이에 감춰져 있던 까치집이 내 눈앞에 동그랗게 나타난다. 갈 때는 보이지 않던 작은 나무가 돌아올 때는 큰 나무가 되어 보이기도 하고 사그라든 이파리 속에 하얀 들꽃이 숨어있기도 한다. 둥지 속에 새끼를 낳고 먹이를 주던 예쁜 새들도 여행을 떠날 생각을 하는지 짐 챙기는 소리가 들린다. 냇가에 활기차게 뛰놀던 작은 고기들도 찬바람이 싫어지는지 돌 밑에서 나오지 않고 보이지 않는다. 올망졸망한 돌들이 냇가를 채우고 자그마한 풀잎이 서리를 맞아 고개를 들지 못한다.

가을을 누가 만들었을까? 가을은 내 나이 만큼 느끼고 외로워하면서 나를 반성한다. 이맘때가 되었을까 초등학교 졸업반이었을 적이였다. 진해에 있는 해군 사관학교에 수학여행을 가게 되었다. 소풍에서 여행으로 한 단계 높아진 우리는 집을 떠나서 생전 처음으로 멀리 여행을 간다는 것은 너무나 행복하였다. 밤새도록 잠이 오지 않아 뜬눈으로 밤을 새웠다. 그날밤 아버지도 내 앞에 같이 마주보고 앉아서 이야기하면서 뜬눈으로 밤을 지샜다. 늘 함께하던 딸이 잠깐이라도 집을 떨어져 나간다는 것이 싫어 보였다. 말이 수학여행이지 진해는 마산 시내를 다녀오는 거리였지만 50년 대는 진해까지 가는 시내버스가 없는 시외였기 때문에 마산역에서 기차를 타야만 진해로 갔다.

기차를 타기 전 새벽에 마산 역에 따라 나온 아버지는 이렇게 말했다. 기차를 탈 때 제일 앞에도 타지 말고 제일 뒤에도 타지 말고 중간에 타야 된다. 어디를 따라가도 중간에 있어야 한다. 자기 곁을 그렇게나 떨어지기 싫어했던 아버지도 어릴 적부터 여행하는 방법을 나에게 가르쳐 주었으며 중용이라는 지혜가 얼마나 귀중한 것이라는 것도 함께 가르쳐 주었다.

올해의 마지막 가을이었을까 며칠 전에도 친구들과 삼천포의 바닷바람을 마시면서 하룻밤을 지새웠다. 남해의 아기자기한 섬과 잔잔한 푸른 바다, 하동 벌판에 익은 황금색깔의 벼 이삭들, 지리산 뱀사골의 설익은 단풍, 함양산천의 고고한 선비정신, 밤늦은 시간에 휴게소에서 맛있게 사먹던 토스트의 한 조각들, 그들의 동그란 얼굴에는 함박웃음이 그치지 않았고 순간이나마 닫혀 있던 마음 속에 작은 문이 열리는 듯 비집고 나오는 숨겨진 이야기는 줄을 서는 듯 했다. 오르막길을 오르기 싫다던 자동차를 달래가면서 우리를 싣고 다니던 K친구, 여행비보다 몇 곱이나 더 지불하면서도 행복해 하던 또 한 사람의 나이든 친구, 아름다운 함양산천까지 닮아가는 두 부부, 여행 속에 담겨 있는 많은 이야기들은 지나간 시간과 현재시간을 공유하면서 또 다른 그리움과 추억을 높은 하늘만큼 만들어 가고 있다. 먼 훗날 아버지의 이야기도 그네들의 웃음소리도 또 다른 여행의 추억이 되어 내 마음 속에 훈훈한 바람이 되어 날아가고 있지 않을까!

2011.10

장미 60.5×50cm oil on canvas

무지개를 만들던 봄비

만남 24×33cm oil on canvas

초봄에 나무 가지들은 어린아이 모습같이 맑고 깨끗한 잎새를 틔우고 있다. 무지개를 쫓던 아이들처럼 어릴때 이야기들도 어쩐지 초봄의 새싹처럼 가슴을 설레게 할때가 많다. 초등학교때 아무 철 없이 놀았던 이웃집 친구 삼태가 지금쯤은 내 나이가 되었을 텐데 그때 이야기를 하면 웃음이 나온다. 아직까지 지워지지 않고 내 눈썹 위에 기억자로 남아있는 흉터자국도 초등학교 때 삼태와 학예회 때문에 생긴 일이어서 어릴 적 추억이 지금까지 훈장처럼 남아있어 삼태를 잊어버릴 수가 없다. 국민학교 이 학년 때니까 6 · 25전쟁이 일어나기 일년 전이었다. 그날은 일년에 한번뿐인 학교의 학예회가 있는 날이었다.

교장선생님은 금도끼와 은도끼라는 연극을 우리 반에게 지정해 주었기 때문에 그 연극에 뽑힌 아이들은 수업을 마치면 집에 빨리 가지 못하고 한 달도 넘게 학교 교실에서 연극 연습을 했다. 학예회가 있는 그 날은 학교선생님과 엄마 아버지들도 많이 오시고 다른 학교 교장 선생님도 오시는 날이라서 연극을 하다 실수를 하면 안 된다고 연극을 가르치는 선생님은 연습을 할 때마다 삼태에게 수십 번도 더 다짐하면서 연극을 가르쳤다.

다른 아이들보다 얌전하던 나는 연극을 하는 후보로는 뽑히지 않았지만 우리 집 울타리를 사이에 두고 바로 옆 집에 살면서 나하고는 다른 친구보다 몇 곱절 친했던 삼태가 연극의 주인공으로 뽑히는 바람에 내가 주인공이 된것처럼 덩달아 좋아서 매일 연극 연습하는 교실에 가서 구경하다가 삼태가 연습을 마치면 길거리에서 이 장난 저 장난 하면서 놀다가 집에 늦게 돌아오곤 했다. 요즘 초등학교 교과서에 금도끼와 은도끼가 나와있는지 모르지만 우리시절에는 국어 교과서에 실려 있어서 누구나 알고 있는 내용이었다. 아직도 금도끼와 은도끼는 어릴 때 친구와 함께 추억을 가진 이야기여서 언제나 듣고 또 들어도 웃음이 나오고 재미가 난다.

나무를 하러 산에 간 마음씨 착한 아들이 잘못 하다가 도끼를 연못에 빠뜨리면서 연극은 시작되고 도끼가 없어 나무를 베지 못하는 아들은 연못가에서 울게 되면서 쇠도끼와 금도끼를 들고나온 산신령님의 대화로서 감수성이 강한 아이들에게 도덕과 선악을 가르치는 연극이었다.

학예회가 있던 그날 아침에 삼태는 연극하는 주인공이라서 학교에 먼저 가고 나는 우리 집과는 조금 떨어져서 살고 있던 한 반 친구 순옥이와 함께 학교에 갔었는데 그 시절에는 지금과 같은 현대 옷이 없고 치마 저고리를 입던 시절이었다.

나만 유독 털실로 짠 원피스와 모자를 예쁘게 입고 학교에 갔던 기억은 그 옷을 어린 나에게 얼마나 입혀 보고 싶었으면 뜨개질 잘하는 사람을 찾아가서 배워서 만들었다고 하는 아버지의 이야기를 그 후에 듣고, 얼마나 깜직하고 예쁜 옷인지 짐작이 가고 남는다. 그렇게 멋을 부리고 학예회를 보러가던 나는 신작로를 가로지르던 학교 앞 철로 길에 갑자기 넘어지면서 새빨간 피가 온 얼굴에 흐르고 심지어는 눈에서 핏덩어리까지 나오는 것 같았다.

일년도 넘게 학교를 다녀도 그런 일이 없었는데 새까만 눈썹이 하얀 얼굴에 잘 어울리던 삼태가 많은 사람 앞에 주인공으로 연극을 한다니 괜히 내가 산신령이 된 것 마냥 한창 들떠 있었던 모양이었다.

다른 때 같았으면 피투성이 얼굴을 하고 학교에 갈 생각을 엄두도 못했을 건데 그날만은 집에 갈 생각을 꿈에도 해보지 못하고 오직 학예회 생각밖에는 아무 생각이 없었다. 아프고 피나는 얼굴을 대략 손으로 문지르고 삼태가 하는 금도끼와 은도끼의 연극을 놓칠세라 학교강당에 부리나케 달려갔다.

무대 위에는 파란 색깔의 천으로 연못을 만들어 놓았는데 삼태는 막 도끼를 물에 빠뜨리려고 하고 있었다. 그 순간에 앞자리에 앉아있는 나에게 불빛이 비쳤는데 그것은 무대를 비추던 불빛이었다. 한쪽 눈이 보이지 않을 만큼 퉁퉁 부은 얼굴을 하고 연극을 열심히 보고 있는 나와 주인공을 하던 삼태와 눈이 잠깐 마주쳤는데 삼태는 나를 보고 너무나 놀라는 것 같았다.

자기자신이 연극을 하고 있는 주인공이라는 것도 까먹어 버리고 땅바닥에 도끼를 던져버리고는 연극 대사도 없는 큰소리로, "어떻게 해서 이렇게 됐어!" 하면서 큰소리로 고함을 질렀다. 구경하던 사람들은 삼태가 나를 보고 하는 말이라고는 꿈에도 모르고 우뢰 같은 박수를 퍼부었다.

연극을 가르친 선생님도, 본인 역시도 어처구니 없이 황당한 마음으로 놀랐지만 너무나 꾸미지 않고 살아있는 음성과 놀란 표정은 도끼를 빠뜨리고 안타까워하는 착한 아들로 탈바꿈되어 순식간에 연극 왕이 되는 것 같았다.

한참이나 멀리 와버렸는데도 지난 모습들을 되새김 해보는 오늘도 무지개를 만들던 봄비가 내린다. 철없이 놀던 친구들과 마음을 나누던 이런 봄날도 엊그제 같기도 하고 밤이 새는 줄 모르게 이야기하던 그날도 며칠 안 되는 그제 같기도 하다.

어느 날 어릴 때 내가 살던 동네에 가서 삼태를 만났는데 고운 물감이든 가을 낙엽을 주어서 책갈피에 넣어두던 작은 여자였던 나도, 삼태도 육십이 넘은 나이었다. 그날도 작은 비가 온 동네를 뿌리고 있었다. 나를 보면 반가워할 자기 엄마가 며칠 전에 돌아가셨다고 말하는 삼태는 파란 꿈이 멀리 있는 것처럼 보였다.

어릴 때는 삼태 집도 우리 집도 다 크게 보였는데 그날은 모두다 작게 보였다. 아침에 떠오르는 둥근 해오름도 높으디 높던 하얀 구름도 옛날이나 지금이나 변함이 없는데.....

2012. 09. 13

해변가 33×41cm oil on canvas

평생의 인과

새해 53×40.9cm oil on canvas

뒷산을 바라보니 노란 개나리와 활짝 핀 벚꽃들은 흰 목련과 진달래를 찾아 술래잡기를 한다.

이맘때가 되면 외할머니 손을 잡고 절에 따라가던 어릴 때 생각이 난다. 부처님 탄신일인 음력 4월 초파일이 되면 할머니는 하얀 치마저고리를 깨끗이 다려 입고 머리카락 하나 바람에 날리지 않게 동백기름을 바른 머리를 곱게 빗고 새 색시같이 십 리도 더 되는 절에 어린 나를 데리고 다녔다.

나는 할머니가 고운 옷을 입고 절에 왜 가야 하는지는 몰랐지만 절에 가는 길에는 오솔길이 있고 길옆에는 빨갛고 노란 꽃들이 예쁘게 피어 있었으며 작은 개울물도 졸졸 흐르고 있었다. 나는 개울가에 앉아 송사리도 잡아보고 싶었고 이 나무와 저 나무를 날아다니는 조그만 새들도 만져보면서 예쁜 꽃들도 꺾어서 내 창문에 놓아두고 싶었다. 그러나 할머니는 꽃도 꺾지 말아라, 새도 잡지 말아라, 물고기도 잡지 말아라 하면서 내가 하고 싶은 것을 다 막아버리곤 했다.

살아있는 것을 죽이면 큰 일이 생긴다면서 어린 나에게 겁을 주곤 하였는데 그것은 내가 남에게 주는 것만큼 받고 내가 받는 것만큼 주는 불교에서 말하는 인과법이라는 것을 자라면서 알게 되었다.

할머니는 불교에 대한 특별한 지식도 없었지만 절에만 오면 백 번이고 이백 번이고 절하면서 자식들 잘 되어달라고 엎드려서 절을 했다. 아마 할머니의 바람이 나를 지금까지 불교법을 거역하지 못하게 만든 할머니와 나의 인과를 만들었는지도 모른다.

나의 행복도 남에게 주어야만 오는 것이라는 인과법은 나의 교만한 생각을 많이 잠재워 주었고 내 마음대로 되지 않는 나만의 아집 때문에 힘들어할 때도 원인이 나에게 있다라는 생각 때문에 괴로움의 수렁에서 헤어나올 수가 있었다.

그러나 이렇게 인과에 연연하는 나에게도 인과에 얽힌 한 사람이 있어 4월 초파일만 되면 45년 전에 갚아야 될 나의 빚 때문에 마음이 무거워진다.

대학교 졸업반이던 가을쯤이었을까? 나는 한 남자와의 헤어짐 때문에 무척 힘들어 하던 날이 있었다. 신촌에 있는 봉원사 절에 몇 개월을 지내면서 내 마음을 다스리지 못해 죽을 결심을 하고 기거한 적이 있었다. 그 절에는 나 외에도 사법고시 2차 시험을 위해 공부하는 남자학생이 한 사람 더 절에 거주하고 있었는데 서울대학교 4학년 학생이었다. 체격이 조금 왜소하기는 했지만 야무지고 정확한 남자이었던 것 같았다.

가끔 밥을 먹기 위해 산길을 갔다 왔다 하는 것 외에는 아무 생각없이 나의 하루를 방에서만 보냈으며 부모에게도 친구들에게도 절에 있다는 사실을 숨겼기 때문에 사람을 만나는 일은 별로 없었다.

오고 가는 길목에서 그 대학생과 몇 번 스쳐 지나가긴 하였지만 그 남자 대학생을 맞이할 내 마음의 빈 공간은 조금도 없었다. 그러나 지금 생각하면 그 서울대학생은 내 마음 속에 자기 자신을 채워주기를 원하고 있었던 것 같았다.

내가 밖에 나가고 없는 틈새 시간에 수십 번이나 내 절 방 문 앞에 먹을 것을 갖다 놓아두기도 하였고 내가 가진 돈이 모자라는 것을 눈치챈 그 대학생은 세 번씩이나 절의 하숙비를 나 몰래 지불하기도 했다.

삭막해서 풀 한 포기도 살지 못했던 그 당시의 내 마음 속에는 그 대학생이 베풀어 주던 고마움도 그 대학생의 혼자만의 사랑도 나에게는 아무런 의미가 없었고 제대로 직시하지도 못했다.

그로부터 몇 십 년이 흐른 어느 날 내 자신이 어른이 되고 아이를 키우면서 그 대학생에게 눈길 한번 주지 못했던 이기적인 내 마음도 사랑은 주는 것이라는 것을 알게 되었고 기쁨도 나 혼자만이 공유할 수 없다는 것도 알게 되었다.

그 때는 이미 그 대학생을 찾을 수도 만날 수도 없었다. 단지 이름이 김종남이며 그 대학생이 서울대학교 사범대학 4학년이던 때가 1963년이었고 고등고시 2차 시험을 한번 더 합격하기 위해 마포에 있는 유명한 극작가 집에서 가정교사를 하고 있었다는것 이 외에는 아는 것이 없었다.

몇 개월의 절의 생활을 끝내고 그 절을 떠나오면서도 영원히 내 마음 속에 남고 싶어했던 때 묻지 않은 그 대학생에게 고마웠다는 말 한 마디 전하지 못한 나의 못남은 지금까지도 그에 대한 영원한 인과의 빚으로 남아있는 것 같아 슬프게 느껴진다.

2010. 05. 03

한사람 45.5×33.4cm oil on canvas

능포리는 내 고향

거제도 제일 안쪽에 자리한 한가한 어촌이면서 벽촌인 능포리 304번지는 언제나 잊어버릴 수 없는 고향이기도 하다. 거제도의 중심인 장승포에서 서쪽으로 서너 개의 야산을 넘어서 수 많은 목화밭을 지나고 나서도 몇 십 리의 풀밭 길을 하염없이 걸어가야 능포리 어귀에 이른다.

바다에 펼쳐진 산 끝자락에 빨간 등대 불이 깜박거리고 바위 위에 붙은 굴딱지 같은 20여 채의 초가집이 옹기종기 모여 다정스런 집안 같은 촌락이 능포리였다.

이곳 아이들은 일곱 살만 되어도 집안 일을 도왔다. 해가 서산 허리를 넘어가고 땅거미가 어둠을 재촉하면 덜 익은 풋 다래를 따먹으면서 산 언덕에서 한가로이 풀을 뜯던 소를 바쁘게 집으로 몰고 오는 작은 목동 역할까지 하면서 소를 키웠고 혼자서 부르는 콧노래 소리는 하루 종일 은은히 산을 울려 퍼졌다.

하늘을 나르는 비행기도 철도 위를 달리는 기차도 어떻게 생겼는지 본 일이 없지만 언제나 드넓은 바다를 꿈꾸는 동심은 가난을 부끄러움이라 여기지 않았다. 밤이면 깜박거리는 호롱불 밑에서 엄마가 정성껏 기워 준 해진 옷을 입고 다녔으나 바다의 보고에 둘러 쌓인 그 곳 아이들은 부러운 것이 없었으며 그들만의 세계는 오지의 낙원이었다.

내가 이렇게 아름다운 고향 능포리를 떠나게 된 것은 내 나이 3살 되던 해 일본으로 간 셋째 이모를 찾기 위해서였다.

해방되기 전 대동아 전쟁이 막바지에 이르렀을 때였다. 밤이면 비행기가 폭격을 할까봐 집집마다 창문에는 검은 색 천으로 불빛이 새어 나오지 못하도록 두꺼운 커튼을 쳐놓았다. 집안은 항상 깜깜하고 우울했다. 갑자기 귀가 아프도록 공습 사이렌이 울리면 여인들은 숨을 죽이며 갓난 아이의 옹알이 소리 조차도 손바닥으로 막으면서 숨어야 했다. 여차하면 남녀노소 산에 파놓은 방공호 속으로 뛰어야 하는 일이 수시로 일어났기 때문에 전쟁 중의 시국은 살아남기 위한 지옥훈련 그 자체였다.

그 당시 하나 뿐인 아들인 외삼촌과 딸 5명을 둔 외할머니는 쌍꺼풀이 없이 예쁜 눈을 가진 셋째 이모가 정신대에 끌려가는 것을 피하기 위해 서둘러서 결혼을 시켜버렸다. 지금 살아있다면 팔십 다섯 살이나 될까. 갑자기 혼인한 이모는 남편과 함께 일자리를 구하기 위해 연락선을 타고 일본으로 가게 되었다.

라디오도 없던 그 시절 이모가 타고 가던 배가 폭격을 맞아 파선이 되어 물에 가라앉았다는 이웃의 풍문으로 참담한 소식을 듣게 되었다. 이모를 살릴 뚜렷한 어떤 방법도 없었지만 아버지는 만에 하나라도 살아있을지 모르는 이모를 찾기 위해 할머니와 의논할 사이도 없이 서둘러 엄마와 어린 나를 데리고 폭탄이 비 오듯 퍼붓는 현해탄을 건너갔다. 이모를 하루 빨리 찾으면 아름다운 능포리로 돌아와 옛날과 같이 재미있게 살겠다던 아버지는 이모의 시신마저도 끝내 찾지 못하고 이모를 찾을 때까지 일본에 그냥 눌러 앉고 말았다.

해방이 되자 우리 가족은 서둘러 고국으로 돌아왔지만 한국사람들이 탄 연락선이 마산항에 도착하는 통에 그곳에서 나의 성장기를 보냈으니 마산은 제2의 고향이 된 셈이다.

대학 진학으로 서울로 올라왔던 나는 서울까지 제3의 고향을 만들어 버렸지만 방학 때가 되거나 혹은 시간이 허락할 때는 외삼촌이 아직도 살고 있는 거제도를 종종 찾는 횟수가 살아가면서 많았다.

지금도 그때를 되돌려 생각하면 능포리의 유난히 맑고 파란 하늘, 바람 결에 넘실거리면서 파도를 유유히 타고 노는 청둥오리 떼를 바라보면서 어릴 때 내 꿈을 키워간 것 같았다.

결혼 후에도 아이들과 내가 이국 땅에서 공부하느라고 10여년을 외지에 살고 있을 때도 능포리와 너무나 닮은 하와이의 흰구름과 푸른 바다는 나를 항상 고향으로 데려가곤 하였다.

이젠 외할머니도 돌아가신 지 30년이 지났다. 그곳을 가보지 못한지도 언 20여 년이 흘러버렸다. 능포리도 산업화의 도시로 발전하여 많이 변했지만 지금이라도 달려가면 내 이름을 부르며 반가이 맞아 줄 것 같은 고향사람들이 그대로 살고 있을 것 같아 가슴이 두근거린다.

코 끝에 스치는 비릿한 바다내음, 목화 솜처럼 피어 오르던 하얀 뭉게구름과 수평선 너머로 지던 노을, 이 모든 것은 언제나 잊어버리고 싶지 않은 그리운 내 고향 능포리며 영원한 엄마의 품속이기도 하다.

2011. 08

송아지 38×45.5cm oil on canvas

나리 꽃 60.6×50cm oil on canvas

다래나무만 싹이 트면

노란 개나리가 우리 동네 앞산을 온통 덮어 버리면 자그만한 텃밭에 채소를 심을 생각을 한다. 반평도 안되는 소꿉장난같은 밭에다가 상추 쑥갓 배추모종을 줄을 지어 꽃처럼 심는 나를 보면 봄물이 들은 마음을 금방 알아차릴 수 있다. 아침 저녁 물 한 조루만 주면 눈에 보이지 않게 눈곱만치 자라는것 같은데도 돌아서서 며칠이 지나면 한 잎 한 잎 뜯은 채소가 작은 소쿠리에 한 바구니가 된다. 사랑스런 이파리들은 먹기가 아까울 정도로 앙증맞다. 마당이 없어 대문 위에 작은 텃밭을 만들어 놓고 채소 커가는 재미에 바깥에 나갈 시간이 없다는 고향친구 금이 생각이난다. 옛날 같으면 그 콩만한 밭에 뭐 먹을 것이 있다고 아까운 시간을 허비하냐고 핀잔을 주었을 것인데 나도 금이와 같이 그렇게 되었다.

어릴 적 방학 때가 되어 시골 외할머니집에 가면 뒷산에 밤송이가 떨어지고 푸른 바다가 보이는 외갓집이 도회지에 있는 우리 집보다 훨씬 아름답고 부러워 보인 적이 많았다. 나도 어른이 되면 사시사철 먹을 것이 나오는 텃밭을 만들고 사철나무와 유실수가 숨박꼭질 하듯이 늘어서 있는 넓은 마당 안에 의자가 놓여 있는 집을 지어 살아야 되겠다고 생각했다. 가끔씩 마당에 나오면 앞산이 보이는 의자에 앉아 봄 여름 가을 겨울, 계절마다 변하는 과일나무들을 바라보면서 나도 모르게 소메

끝에 물들여진 빨간 버찌와 자주색 오디물을 원망하면서, 좋아하는 사람과 익은 토마토의 특이한 맛에 취해서 한참이나 벤치에 앉아 있고 싶었다.

다른 아이들보다 색깔의 느낌을 좀 타던 나는 연한 베이지 색깔의 이층 벽돌집이 감색 토마토와 빨간 자두와는 제법 잘 어울릴 것 같다는 생각을 가끔 했다. 서양의 고옥처럼 바람에 흔들거리는 나뭇가지 사이에 가끔씩 스쳐 보이는 튀지않는 그런 이층 집은 꿈을 만드는 집이었기도 했다.

네모난 집이 아닌 좀 높고 둥그스름한 건물에는 색다른 둥근 창문이 있고 그 창문 밑에는 꽃을 떠받히고있는 까만 난간속에 천진난만한 분홍 꽃송이들이 서로 얼굴을 쳐다보면서 몽실몽실 땅을 향해 내려오는 모습을 길가는 사람들마다 발걸음을 멈추는 그런 집이었다.

방문을 열면 창문 곁에 놓인 큰 침대 위에서 가지각색의 작은 인형들이 눈을 맞추고 별 정돈되지 않은 책들이 소복이 쌓여있는 책상과 몇 명의 친구들이 응접실이 아닌 이층 방에서 있는 소리 없는 소리 별별 소리 할수 있는 좀 큰 방이었으면 했다. 어느 때는 이 골목 저 골목 한여름의 시원한 바람소리가 대감마님의 풀먹인 모시 치맛자락처럼 나무사이로 휘젖는 낌새가 들리면 아직도 잊혀지지않는 사람들이 어떻게 살고 있는지 작은 인형과 책친구들은 나와 함께 생각의 불씨를 틔워 보면서 보름달을 맞을 수 있는 더높은 방이었으면 좋을 거라고 생각했다.

이층 방에서 창문을 열면 초록색 나무이파리들이 하늘을 가득 메우고 사잇길이 보이는 텃밭에는 하얀 분을 바른 딸기꽃이 작은 벌떼를 찾기 시작할 것같이 얼굴을 내밀고 산고를 이겨낸 겨울 어미닭이 갓 태어난 새끼 병아리를 몰고 개선장군처럼 바쁘게 다니는 길 위에 궁뎅이를 흔들어대는 오리새끼까지 봄마당의 여왕이되는 집이기도 하다. 오월의 감자꽃이 하얗게 피었다가 서서히 지려고 하면 파란 고추가 조롱조롱 달리고 옥수수의 긴 수염이 진분홍 옷으로 갈아 입기 시작하면 여름은 가버리려고 애를쓰지만 배꽃이 떨어져 나간 그 자리에 탐스런 새끼 배가 주렁주렁 달리더니 터져버릴 것같은 보리수 열매에 예쁜 새가 날아오기도 한다. 가지가 휘어지도록 빨간 대추가 달린 어느 날은 대봉이 익어가는 기쁨보다 떠나버릴 것 같은 가을의 아쉬움이 싫어서 복숭아 나무를 더 심을것 같기도 했다.

텃밭에서 키운 싱싱한 채소와 나무에서 따온 과일을 햇빛이 화려하게 비추는 조용한 부엌에서 다듬고 손질해서 겉절이도하고 샐러드와 쥬스도 만들어서 예쁜 식탁에 얹혀 놓고 싶었다. 특히 한낮의 여백을 좋아하는 사람들에게 우리집 마당을 구경시키고 대접하면서 내심 속마음은 익은 사과처럼 깨물면 단맛이 묻어나는 외할머니같이 되고 싶었다.

지금 이 나이가 되어 생각하니 혼자서는 풀 한 포기도 가꿀 수 없는 아이가 별별 과일이 달리는 나무와 큰 텃밭이 딸린 연한 베이지색의 이층 벽돌집을 짓고 살 생각을 했던 것을 보면 엄청 대견하기도 하다. 그래서 어릴 때 꾸었던 아름다운

무제 30×30cm oil on canvas

생각들은 언제나 꿈을 부풀게 해주었고 지금까지도 세상을 속일 줄 모르는 꽃과 나무를 친구 하면서 옛날의 이야기를 나누면서 사는지 모른다.

봄비가 내려서 그런지 추운 그저께도 누가 보면 우스울 것같은 작은 텃밭에 풋고추 일곱 포기와 꽈리고추 세 포기를 심고 두둑을 높여주고 왔다. 심고 싶었던 다섯 포기의 참외와 토마토는 아직 추위가 덜 가신 것같아 일주일 후에 심을 생각을 했다. 누가 시키지도 않았는데 그들만 쳐다보면 부러울 것이 없는 아이같이 언제나 행복한 마음이 된다.

잎이 오르는 잔디 사이에 노란 민들레가 피어있다. 발걸음이 서성거리는 눈 앞에는 나뭇가지마다 움을 튀우고 꽃이 피려고 볼록볼록하다. 이제는 며칠 전에 넝쿨채 심은 다래나무만 싹이 트면 봄걱정이 없을 것 같다.

2013.04

풀각시

초판인쇄 2013년 10월 4일
초판발행 2013년 10월 10일

지 은 이 신수희
펴 낸 이 배병호
펴 낸 곳 도서출판 신원

등록번호 제22-999호
주 소 서울시 중구 신당3동 349-69 유현빌딩
전 화 02-2231-7500
팩 스 02-2231-2883
홈페이지 www.sinwonart.co.kr

ISBN 978-89-87884-74-5

정가 18,000원